I0162564

Kinderbuch Serie

Von Engelbert Rausch
copyrigth by Engelbert Rausch

BUCH 1   Compy
Einleitungsstory zu allen Serien Büchern Compy. Ein Chip flieht aus der Entwicklungsabteilung von Mikro Soft zu Marco.

Marco sitzt wie so oft in den letzten Tagen an seinem Computer. Es scheint so dass er einige technische Probleme mit seiner Höllenmaschine hat. Als Höllenmaschine bezeichnet seine Mutter immer die Kiste die Ihr nicht ganz geheuer ist. Mutter Annemarie gefällt es nicht das er so viel Zeit mit der Datenschleuder verbringt. So aber so verkniffen und verknittert wie in den letzten Tagen hat Sie Ihn noch nie vor der Kiste sitzen sehen. Er wollte Ihr nicht verraten was los ist, hat keinen Bock alles erklären zu müssen, was Sie doch nicht verstehen würde. Er konnte selber nicht begreifen was seit Tagen mit seinem Computer ist. Er hat alles abgesucht auf Vieren und alle Schweinereien die es so gibt. Verdammte Scheiße, was ist nur los mit dieser Software. Wütend schimpft Marco vor sich hin, alles was er auch tut die Software streikt, bricht immer wieder zusammen. Die Tränen rennen Marco über das Gesicht, alle seine Freunde haben sich schon an dem System getestet, keiner konnte den Fehler finden. „ So ein Mist, jetzt probiere ich schon das vierte Virenprogramm, nichts tut sich˝. Verdammt, was ist mit der Kiste los, wenn ich einen neuen Computer benötige rastet Mutter aus, wir haben die Kohle im Augenblick nicht, was soll ich machen ohne Computer, ohne meine E-Mail˝. Völlig übermüdet legt sich Marco auf sein Bett, sein Kopfkissen wird nass von seinen Tränen, er zermartert sich sein Hirn, darüber was mit seiner Kiste los ist.

2

Marco knipst das Licht seiner Nachttisch Lampe an die einen warmen, leichten Schein auf sein Bett wirft. Er greift nach dem Buch-Computer von A-Z, wie oft hatte er dies in den letzten Tagen in der Hand gehabt. Er machte sich schlau ihm schwirrt es im Kopf. Alle Informationsdarstellungen geht er im Geist durch, mit der Hilfe des Dualsystems, das so genannten Binärsystems und nach dem Verschlüsselungsschema versuchte er herauszufinden was in dieser Kiste steckt. Waren alle Informationseinheiten jedes bit, jede bit info von den Vieren angefressen worden. Konnten die Binärentscheidungen nicht mehr zu Maschinenworten zusammengefasst werden. Es konnte nicht anders sein, es scheint so das die Speicherzellen, die für die Kurzzeitige Speicherung des Maschinenwortes während seiner Verarbeitung zuständig sind nicht mehr arbeiten. „Die scheiß Vieren haben alle Wege unterbrochen, haben wie Maden im Fleisch alles zerfressen, wenn Sie erst einmal hinein gelangt sind wüten Sie gnadenlos´´. Die Register die ständig neue Maschinenworte bilden scheinen mit samt Ihren Verknüpfungsschaltungen nicht mehr zu arbeiten. Marco nimmt das Buch und feuerte es gegen seinen Computer. „ Scheiße, scheiß ich werfe die Kiste gleich samt dem Buch aus dem Fenster. Wenn nur der Vater hier wäre, der wüsste Rat. Aber der muss sich schon wieder in Afrika herum treiben und will scheinbar nicht wieder kommen. Mit den Gedanken an den Zentralspeicher und seinen Vater schläft Marco völlig übermüdet ein. Am nächsten Tag will er noch einmal seine ganze Software herunter laden und neue einladen, das soll der letzte Versuch werden. Sollte das nicht klappen, woran er nicht mehr glaubte, dann war er seinen Computer los. Doch plötzlich ein Blitz, er zuckt zusammen, hat da nicht jemand kurz das Licht eingeschaltet, nein nichts. Doch kaum hat er die Augen zu, ist es schon wieder da, ein kleiner ganz schneller Blitz zuckte durchs Zimmer.

Jetzt ist er schnell munter, er sieht dass die Blitze aus dem Bildschirm des Computers kommen. Nein das kann nicht sein, er hat
abgeschaltet, oder etwa nicht. Spinnt die Kiste jetzt und fliegt sie
Ihm gleich um die Ohren. Jetzt hörte er es ganz deutlich Geräusche,
so als wenn eine Nadel über eine Schalplatte kratzt. Plötzlich flammt
das Licht im Bildschirm auf. Marcos Gedanken überschlagen sich,
was ist los. Er ist plötzlich hellwach und sitzt senkrecht im Bett, steif
vor Schreck wie ein Stock. Will auf die Steckdose zu stürzen und
den Stecker ziehen. Ist wie gelähmt, ist zu sehr gebannt von dem
Vorgang in seinem Computer.

„ tonk, tonk, tri, trio. Ganz deutlich ist es wieder zu hören. Buchsta-
ben erscheinen auf dem Bildschirm. Springen auf und ab, bilden
Wörter. Mit großen Augen liest Marco die Botschaft die dort sich
langsam entwickelt, sichtbar wird. Marco ist völlig erschüttert, tagelang arbeitet er an der verflixten Kiste, nun repariert sich diese selber, nein das kann nicht sein. Vermutlich ein letztes aufbäumen bis
er Ihm um die Ohren fliegt. Er zieht sich im Reflex die Decke über
den Kopf um sich zu schützen, vor den Teilen, die Marco von der
Explosion erwartet. Es passierte aber nichts, mehrere Minuten ver-
harrte Marko unter der Decke. Tonk, tonk, tri, tri geht es wieder
los.Marco schiebt seinen Kopf unter der Decke vor. Der Bildschirm
leuchtet nun völlig klar, zittert nicht mehr so wie gerade noch. Der
Computer schreibt wieder, schnell und zügig, von ganz allein. Marco
springt auf und kann es lesen. Es würgt Ihn was er dort liest, will Ihn
jemand verarschen, hat Ihn jemand die ganzen Tage zum Narren
gehalten. Hallo Marco, steht dort, Hallo Marco, sei nicht mehr traurig, ich weiß ich habe dich tagelang zur Verzweiflung gebracht, aber
ich konnte nicht anders. Ich habe bei meiner Arbeit mich frei zu machen, dein ganzes Programm durcheinander gewirbelt.

Jetzt Marko, kannst Du wieder arbeiten wie früher. Bitte setze dich hin und probiere es. Marco ließt und weis nicht was er mit den Zeilen anfangen soll. Er ist immer noch fest in dem Glauben das Ihn jemand ganz kräftig verarscht hat. Er setzt sich aber trotzdem vor den Computer und greift in die Tasten und schreibt. Bist Du es Papa, hast Du mich so an der Nase herum geführt? Er zögert einen Moment, schaut auf die Internet Verbindung die nicht hergestellt ist. Nein denkt er Papa kann es nicht sein. Welcher Lump hat mich so fertig gemacht. Da läuft der Computer auch schon wieder weiter. Marco, ich bin hier in deinem Computer, niemand von außen hat dich geärgert. Ich bin seit Tagen in deinem System und konnte mich nicht befreien. Deshalb musste ich dein ganzes System auf den Kopfstellen. Habe wieder alles geordnet. Marco kann nicht glaube was er da zu lesen bekommt, will es nicht glauben weil es unmöglich ist. Oder, denkt er, was ist heute noch unmöglich. Marco bewegt die Tastatur und schreibt. Erkläre mir bitte wie du in mein System gekommen bist, du kannst doch wenn es dich wirklich gibt nur eine Art Computergeist sein?. Genau das bin ich Marko und es ist purer Zufall das ich bei Dir im System gelandet bin. Ich bin ein Flüchtling aus der Chip Küche von Mikro Soft. Erinnerst du dich dass Du vor sechs Tagen mit Mikro Soft verbunden warst um neue Updates aufzunehmen? Ja, das ist richtig ich habe einige Neuerungen nach geladen. Siehst Du und genau diese Verbindung habe ich zur Flucht benutzt. Bitte spiele mich auf eine Diskette und schließe den Computer für einige Stunden. Du findest mich im Windows Speicher E unter Compy. Wenn ich im Internet bin dann formatiere bitte alle deine Laufwerke neu. Dann kannst du mich wieder einladen, wenn Du dann dein Zeichenprogramm aufrufst findest Du mich im Programm als Figur, in der ich auf dem Bildschirm erscheinen kann und mit dir Kommunizieren kann.

Ich werde in diese Figur schlüpfen, alles klar. Marko hatte zwar alles gelesen aber nichts verstanden. Aber er tat wie es Ihm auf den Bildschirm geschrieben wurde. Er formatiert alle seine Programme findet die Zeichenfigur, sie ist tatsächlich da, Compy ist Wirklichkeit, das konnte er feststellen als dieser nach dem einladen sofort in die Figur schlüpfte und auf dem Bildschirm erscheint. Etwas Unfassbares ist geschehen, eine Figur mit einem schönen frechen Jungen Gesicht springt über den Bildschirm, lacht und hat sichtlich seinen Spaß. Ein lustiges Kerlchen mit zwei beweglichen Armen und Beinen turnt dort vor Marco auf dem Bildschirm herum. Ein Körper in der Form eines Chips. Dieser Chip lässt sich auseinander klappen wenn die kleine Figur dies will, dann sind es drei Chips zu sehen. Der Kopf – Mittelteil und Unterkörper. Die Arme aus Draht sind am oberen Ende des unteren Teils und die Beine am unteren Ende des untersten Chips. Marco greift in die Tasten und schreibt. He, kleiner du bist ja ein toller Kerl, bitte schreibe mir deine Geschichte auf, ich kann noch nicht glauben was Du mir da so alles mitgeteilt hast. Ist das wirklich wahr Compy, ja richtig Compy, werde ich dich von jetzt an so nennen, Compy. Du bist ab sofort mein Freund. OK Marco, ich will auch dein Freund sein. Ich werde Dir Heute Nacht wenn Du ruhst, die ganze Geschichte aufschreiben. Wie du dir vorstellen kannst werde ich nicht müde. Aber Ihr Menschen, Ihr seid ja ständig müde, man sieht Euch nur gähnen. Na so schlimm ist es auch wieder nicht Compy, wir leben ja nicht wie du ständig mitten in der Energie. Wir müssen uns unsere Energie mit Essen und trinkbarem zuführen. Du nimmst deine Energie auf während du durch den Computer krabbelst. Du verlierst dadurch niemals Energie. Hallo Marco, schreibt der kleine Held zurück, ich bin froh dass ich in deinem Computer gelandet bin, du scheinst einer von den netten geduldigen Menschen zu sein.

Ich und geduldig, wenn Du es Heute nicht geschafft hättest wärst du Morgen mit dem ganzen Computer im Müll gelandet, dann wärst du verloren gewesen. Ohne Spannung ohne Volt und Ampere, ohne dein beliebtes Bad im Gleichstrom und die Dusche im Wechselstrom, was wärst du dann gewesen. Was wäre dann aus dir geworden mein so lustiger Chip. Das wäre Schicksal gewesen, aber bevor das passiert wäre hätte ich mich schon bemerkbar gemacht mein Lieber Marco, ich hatte alles unter Kontrolle. Marco der hundemüde ist vom Stress der letzten Tage speicherte das freche Kerlchen einfach weg. Ich muss schlafen du frecher Chip, morgen können wir uns weiter unterhaltend Marco schaltete den Computer aus und legte sich ins Bett, in Sekundenschnelle fällt er glücklich und zufrieden in einen tiefen Schlaf. Am nächsten Morgen wagte er sich nicht an den Computer, er weis nicht ,war das alles ein Traum, ist dieser nun wirklich OK. Hat er das alles geträumt, was ist los. Auch den Schwachsinn mit Compy das konnte alles nicht wahr sein. Wer würde Ihm diese Geschichte glauben, niemand dessen ist er sich sicher. Er rappelt sich auf und macht seinen Sonntagmorgen Spaziergang, dies ist auch gleichzeitig sein Kirchgang. Ab und zu besonderen Anlässen geht er auch in die Kirche, aber wohler fühlt er sich wenn er draußen in freier Natur beten kann und mit seinem Gott eine kleine Unterhaltung führen kann. Lieber Gott, bitte lass es wahr sein, mach das es Compy wirklich gibt, mach das ich es nicht geträumt habe. Entschuldige dass ich wenn das Kerlchen da ist, ich Ihn eingesperrt habe, alle Stecker gezogen habe. Aber ich bin so unsicher, ich weiß nicht was mit Ihm ist, ist er da, habe ich alles geträumt. Marco wandert indessen mit kräftigen Schritten auf die Marksburg zu, es ist einer der schönsten Spaziergänge die er bisher gemacht hat. In seiner besonderen Stimmung brachten Ihn seine kräftigen Schritte schnell nach oben zur Festung. Der Blick von oben entschädigte Ihn dann immer für die Anstrengung.

Er schaute hinunter auf den Vater Rhein eine der großen Lebensadern Deutschlands und Hollands. Die schönen schneeweißen Ausflugsschiffe ziehen dort unten dahin, dazwischen die riesigen Frachtschiffe. Es ist Bewegung auf dem Rhein und neben dem Rhein. Links und rechts eine Eisenbahnlinie, die, die Menschen in alle Welt bringt. Daneben Straßen auf denen die Autos sich Ihren Weg suchen. Über den Rhein hinweg schaut er in den Hunsrück, sieht ganz in der Ferne die Höhen der Eifel. Schaut auf die Burg Lahneck, Burg Stolzenfels, ein erhabener Anblick der Ihm jeden Sonntagmorgen Freude ins Herz trägt. Dort unten schaut er auf sein Zuhause, dort ist seine Mutter dabei die Einfahrt zu fegen, ganz klein kann er sie sehen. Selbst am Sonntag ist Sie ständig in Bewegung. Mona seine schwarze Schäferhündin versucht die Mutter am fegen zu hindern, beißt immer wieder in den Besen. Sonst nimmt er seine Hündin immer mit, aber Heute da brauchte er absolute Ruhe, will sich nicht mit Ihr beschäftigen. Er denkt nach seinem Gebet erst einmal an seinen Computer und Compy. Konnte das alles wahr sein, konnte das wirklich so gewesen sein. War das gestern Abend nicht doch nur ein Traum. Der Hunger rührte sich und bewegte Ihn wieder dazu den schönen Platz zu verlassen. Für Ihn Marco ist dies der schönste Platz der Welt, hier ist für Ihn der Mittelpunkt der Welt. Er ahnte nicht was Ihm mit Compy noch bevor steht. Er hatte schon einiges von der Welt gesehen, war in der Wüste, im Sinai, am Golf von Aqaba in Cairo, es ist schön dort aber hier ist sein zu Hause, hier ist es tausendmal schöner. Wenn es nur seinem Vater auch so gehen würde, der kommt leider immer seltener aus Afrika und Arabien zurück. Aber dieser hat dort auch seinen Arbeitsplatz, zumindest für die nächsten Jahre noch. Die Sonne meinte es auch wieder einmal gut mir Ihnen hier in Deutschland.

Sie wirft bereits wieder Ihre ersten warmen Strahlen auf die Weinberge auf der andern Seite der kleinen altertümlichen Stadt Braubach, Dort musste er sich wieder hin bewegen, denn dort auf dem Rheinberg ist er zu Hause, Auch von seinem zu Hause hat er einen direkten Blick über den Rhein. Wie ein Adlerhorst ist das Haus in den Berg gebaut ein Plätzchen zum träumen und zum arbeiten. Marco legt einen Schritt zu, nun will er an den Frühstückstisch und an den Computer, die Neugier wird nun zu groß, ist es Traum oder Wirklichkeit es kommt die Sekunde der Wahrheit. Er wagte sich erst nach dem Frühstück an den Computer, er hat ganz feuchte Hände vor Erregung. Mona seine Hündin hat den Kopf in seinen Schoß gelegt, sie spürte das Herrchen seit Tagen etwas bewegt, unruhig machte. Sie hat gespürt das es mit dieser Flimmerkiste zusammenhängt. Sie ahnte auch, spürte an seinem benehmen an seiner Ausdünstung, das etwas besonderes geschehen würde. Marco steckte alle Stecker wieder in die Steckdosen und schaltete zitternd den Computer an. Da springt Ihm auch das lustige Kerlchen schon fast wieder ins Gesicht. Guten Morgen Marco, steht da ganz groß auf dem Bildschirm. Marco springt auf und jubelte, Compy, Compy ruft er immer wieder. Mona springt erschrocken einige Meter zurück und schaut sein Herrchen irritiert an. Annemarie, Marcos Mutter stürzt herein „Junge, was ist los, bist du durch geknallt?´´. „Anne, Anne, ich habe es geschafft der Computer geht wieder, alles ist in Ordnung. Compy ist da, Compy ist da´´. Das freut mich aber, was war den los mit der Teufelskiste, ich hatte schon geglaubt ich muss eine neue kaufen´´. „ Alles OK Anne, wir haben alles in Ordnung gebracht Compy und ich´´. „Compy und du, wer ist Compy, ist das der, der dich hier so zum brüllen veranlasst´´. „ Dort schau, dort auf dem Bildschirm, das ist Compy´´ . „ Oh, ja, ein interessantes Kerlchen das du dort gezeichnet hast, gefällt mir sehr. Nun beruhige dich wieder du scheuchst ja alle Nachbarn aus dem Bett mit deinem Indianergeheule.„

Heute ist Sonntag Mutti´´. Marco nimmt seine Mutter fest in den Arm. „ Anne, Anne es ist wunderbar. Seine Mutter versteht nicht was Ihren Sohn in eine solche außergewöhnliche Freude versetzt hat, in einen regelrechten Freudentaumel. Marco beruhigte sich wieder, so kann sich seine Mutter auch wieder Ihrer sonntäglichen Arbeit widmen. Mona die schwarze Schäferhündin ist sicherheitshalber ins Wohnzimmer verschwunden und beobachtete durch die offene Balkontür die dort unten dahin ziehenden Schiffe auf dem Rhein.

Marco setzte sich an den Computer und liest die Geschichte, die Compy ihm aufgeschrieben hat mit voller Interesse. Marco erinnerte sich an den Augenblick als er dabei war die Updates von Mikro Soft zu laden. Der Bildschirm hatte sich ganz plötzlich verdunkelt, es knackte fürchterlich und genau von diesem Moment an, wenn er es sich recht überlegte begann sein Ärger mit dem Computer. In diesem Augenblick musste Compy in seinem System untergetaucht sein. Sicher es stimmt das Kerlchen ist ausgebüchst bei Bill Gates. Compy, die werden dich suchen, die werden dich doch nicht so einfach gehen lassen. Die haben sehr viel Geld in deine Entwicklung gesteckt. Du bist der intelligenteste Chip den die Welt bisher erlebt hat. Noch hat niemand etwas über einen solch intelligenten Chip gehört. Die können Dich nicht so einfach ziehen lassen. Marco ich hatte alle guten Ansätze, aber richtig entwickelt habe ich mich erst auf der Flucht, dort habe ich erst bemerkt was ich alles kann. Hast du ein Bild von Bill Gates hier, ich will sehen ob es dieser Kerl war der mich entwickelt hat. Klar habe ich ein Bild vom Mikro Soft Chef. Marco wühlte in seiner Schublade und beförderte aus dem unordentlichen Durcheinander eine Computerzeitschrift. Dort ist Bill auf der ersten Seite abgebildet. Hier Compy, das ist Bill Gates, kennst du Ihn?.

Ja, Marco ohne Zweifel den Mann kenne ich, aber der kam nur gelegentlich, mit jemand anderem hatte ich ständig zu tun. Marco ich fühle mich stark und sicher genug, ich möchte schnüffeln gehen, ich möchte im Nachhinein wissen was dort los ist und einmal probieren ob ich fähig bin diese Sekunden Reisen durch die Welt zu machen. Compy du willst mich schon wieder verlassen?. Nein nicht verlassen, aber ich will raus, muss testen was ich alles so drauf habe, muss sehen was da los ist in meiner Geburtsstätte. Ich komme wieder Marco, hier ist jetzt mein zu Hause. Aber wenn die dich einfangen?. Genau das muss ich herausfinden, ob sie schon Hunterchips haben die mir gefährlich werden können, ich muss es wissen, ich will doch nicht für immer hier eingesperrt bleiben. Nein das sollst du wirklich nicht, soll ich Kontakt aufnehmen mit dem Anschluss von Mikro Soft in den USA? . Nein Marco, das würde uns verraten ich benötige die Verbindung nicht, ich komme in jeden Internet Anschluss auf der Welt ohne das Du diesen anwählen musst, du surfst mit meiner Hilfe in der Zukunft kostenfrei. Ich stelle die Verbindungen selbst her. Bin mit der notwendigen Energie und den Schaltkreisen ausgestattet. Du darfst nur niemals den Kontakt zu deinem Anschluss kappen, dann habe ich keine Möglichkeit zurück zu kehren. Das kann ganz schnell nötig werden und genau das muss ich herausfinden. Wie lange wirst Du weg bleiben Compy?. Wenn ich jetzt verschwinde denke ich das ich Morgen wieder zurück bin. Es wird dort gleich Nacht, ich will die Zeit nutzen wenn niemand dort ist und will alles vorbereiten was ich für mich benötige. Gut, dann tschüss mein Freund. Die Zeichnung auf dem Bildschirm erstarrt. Compy ist Ihr entschlüpft und ist in wenigen Sekunden bereits in den USA. Marco speichert die Zeichnung ab und schließt für Heute den Computer. Er hat sich nach den aufregenden Tagen etwas Ruhe verdient.

11

Marco entwickelt in den nächsten Wochen und Monaten mit
Compys Unterstützung das System und die Funktionen Compys
immer weiter. Sie entwickeln Anstecknadeln mit Sendern in die
Compy schlüpfen kann. Neben den Ausflügen in die online Welt,
kann Compy bald auch mit Radiowellen reisen. Welt weit werden
Compy Clubs gegründet. Jedes Mitglied erhält eine Compy Mit-
gliedsnadel in die Compy sich mit der Hilfe von Radiowellen in Sekunden an jeden Punkt der Erde bewegen kann. Er kann für kurze
Zeiten auch außerhalb des Internetzes-Fernsehsystems oder Radio
Systems unsichtbar tätig werden. So das er direkt aktive Hilfe vor
Ort leisten kann. Es werden Probleme aller Art gelöst, für die Kinder, mit den Kindern, für die Familien, Umweltschutz, Kriminalfal-
le, Industriekriminalität, Spionage, Alkohol, Drogen, Religion, alles
was mit Menschen und Tieren zu tun hat beschäftigt die Compy
Clubs. Neben den Abenteuern müssen sie sich immer wieder gegen
die Huntervieren von Mikro Soft wehren. Dabei kann Compy einen
weiblichen Hunterchip umdrehen, Chipsy wird für Ihn und die Kinder arbeiten, Chipsy wird Compys Freundin.Compy

Kapitel 1

Compy muss zurück in seine Geburtsstätte, die Entwicklungswerkstatt von
Microsoft

Im Entwicklungslabor von Mikro Soft herrscht seit Tagen sehr große
Aufregung. Der Chef der Entwicklungsabteilung Dr. Jessie Braun
kann es noch nicht fassen, nicht begreifen wie es passieren konnte.
Peter Braun, schaut seinem Chef zu, wie dieser ganz von sinnen von
einer Ecke in die andere tänzelt. „ Schauen Sie mich nicht so blöde
an Mr. Bang, sie sind verantwortlich für die Sicherheit des Computers.

Unser Chip, das Lieblingskind unseres Chefs Bill Gates ist verschwunden mit allen Dokumenten die wir über ihn gespeichert haben. Sagen sie mir wo das Zeug hin ist''. Die Dokumente sind gelöscht sind aus allen Programmen verschwunden obwohl wir doppelt und dreifach abgesichert haben. Aus Sicherheitsgründen haben wir es nicht auf CD gespeichert, hätten wir nur nicht auf den Chef gehört und extern gesichert''. „ Was sagen sie dazu, das unser kleinster und intelligentester Chip, so einfach verschwunden ist? ''. „ Chef, ich kann dazu nur eine einzige Auskunft geben, während ich an neuen Daten arbeitete, stürzte der Computer ab, der Schirm wurde dunkel, so als hätten wir einen Stromausfall ''. „ Mr. Bang, sie wissen genau das dies hier nicht möglich ist der Computer ist über Trafos über viele Stunden Stromausfall abgesichert, dazu drei verschiedene unabhängige Versorgungsaggregate''! < Weil ich das ja alles eigentlich besser weiß als Sie, war ich so erschüttert, ich habe dann auch ganz schnell festgestellt das es kein Stromausfall war, das etwas im Computer passiert ist, etwas das ich nicht erklären kann. Ich habe jedes einzelne Bauteil gecheckt. Jede Platte, jeden Speicher kontrolliert. Ich habe nichts gefunden absolut nichts, nur entdeckt das dieser Chip, der kleinste und intelligenteste den es auf der Welt gibt verschwunden ist mit all seinen Entwicklungsdaten''. Halten Sie es für möglich das Hacker eingedrungen sind und uns diesen Chip gestohlen haben''?. Nein Chef, die Sicherheitsvorkehrungen sind so hoch, sie hätten unter Umständen an einige Teile der Daten kommen können, aber nicht an den Chip''.„ Das kann doch aber nur bedeuten, dass der Chip viel intelligenter ist als wir dies erwarten konnten, alles deutet doch darauf hin das dieser sich selbst auf den Weg in die große weite Welt gemacht hat. Bang schaute Dr. Braun mit offenem Mund an.

13

„ Sie halten es für möglich das wir einen Chip geschaffen haben der
so intelligent ist das er eigen Initiative ergriffen hat und alleine aus
unserem System verschwunden ist. So intelligent ist, das er alle seine geheimen Unterlagen mitgenommen hat''. „ Ja, Mein lieber
Bang, ich halte das inzwischen für möglich. Ich werde los fahren
und unseren Chef informieren, wir können den Verlust nicht länger
geheim halten. Setzen Sie alles daran unsere Huntervieren auf diesen
Chip anzusetzen, machen Sie diese einsatzbereite!''. „Glauben Sie
das diese etwas gegen diesen super intelligenten Chip ausrichten
können?. „Wir haben keine andere Möglichkeit, es muss schnell
gehen, ich befürchte wenn wir Ihn in den nächsten Wochen nicht
erwischen, dann wird er uns für immer verloren sein. Es sei, er erin-
nert sich an uns und kommt reumütig zurück. Bereiten sie für diesen
Fall eine Schaltung vor, so das er zu uns herein kann, aber nicht
mehr hinaus. Benutzen sie die neue Hunterweiche und die Schutzfal-
le, ich denke beides zusammen dürfte genügen''. „ OK Chef ich mache es wie befohlen, aber wenn der Kerl entkommen konnte aus eigener Kraft, lacht der sich über unsere Hunterchips kaputt ''. „ Das
lachen wird Ihm vergehen, wenn er dem neuen Huntertyp begegnen
wird, den wir entwickelt haben auf ähnlichen Grundlagen wie diesen
Flüchtling. Lassen Sie uns beten das wir diesen Chip wieder bekommen, das er nicht bei irgend einem Idioten im Computer ver-
gammelt''. Sie ahnen Beide nicht, wie nahe Ihnen Compy schon
wieder gekommen ist. Er ist direkt im Bildschirm und kann Beide
beobachten und verstehen was sie dort sagen und hört mit was diese
so alles gegen Ihn unternehmen wollen. Die Tür zum Labor fliegt
auf, schwungvoll wie immer ist Bill Gates eingetreten.

„ Na meine Herren was machen Sie für betretene Gesichter, ist Ihnen eine Laus über die Leber gelaufen''. „ Eine Laus, nein ein Chip unser Chip, Ihr Chip'', antwortete Dr. Braun. „Was ist los mit meinem Chip, was ist passiert? ''. „ Ich vermute dass wir eine Spur zu weit gekommen sind mit unseren technischen Absichten''.„ Wie eine Spur zu weit, was soll das herum stottern bedeuten, klären sie mich ordentlich auf? . „Mr. Gates ``, Compy konnte deutlich den Zorn in Bills Augen blitzen sehen. „ Chef ''fängt Der. Braun erneut seine Erklärung an. Chef eine Katastrophe, „der Chip hat sich selbständig gemacht, ist aus dem System verschwunden mit all seinen Unterlagen, ich wollte gerade zu Ihnen um Ihnen dies mitzuteilen''. „ Haben sie etwas getrunken Dr. Braun?'' , fauchte Bill seinen Forschungsleiter an, „was reden sie da''. „ Es stimmt leider Chef '', mischte sich Peter Bang ein. Der Chip hat sich verselbstständigt und ist aus dem Computer aus eigener Kraft verschwunden. Dieser Chip ist wie Dr. Braun bereits richtig angemerkt hat eine Spur zu intelligent geworden. Bill kneift die Augen zusammen, „ Sie Beide halten dies für möglich?''. „ Ja, wir haben keine andere Erklärung, ich habe den Computer und die Sicherheitssysteme zerlegt, geprüft wieder zusammen gebaut nochmals geprüft, ich kann keine Fremdeinwirkung feststellen, auch keine Hilfe von Außen feststellen. Hinzu kommt das alle Daten noch einmal extra gespeichert waren, auch diese sind verschwunden''. „ Haben Sie die Daten gesichert, auf CDs ?''. „ Nein Bill, das haben wir wegen Ihrer strikten Order nicht gemacht''. „ Um Himmelswillen, ich habe auch in meinem Computer nichts gesichert, haben Sie sich schon überlegt wie wir uns diesen Ausreißer zurückholen können''. „Ja. Chef, wir werden Morgen alle Huntervieren die wir haben durch das Internet schicken, ich hoffe das sie den Chip zumindest aufspüren werden. Wenn wir wissen wo er ist werden wir Ihn auch bekommen.

Ich glaube das wir Die Suche auf 3000 Internet Adressen beschränken können, dass sind die Adressen, die sich zu diesem Zeitpunkt bei uns eingelockt hatten um Updates zu speichern und ca. 2000 Anschlüsse über die geschäftlichen Verbindungen liefen. Also nicht mehr als 5000 Anschlüsse kommen in Frage, wir haben gute Chancen Ihn zu finden´´. Compy wird es in dem Bildschirm heiß und kalt er muss vorsichtig sein vor Aufregung keinen Kurzschluss zu fabrizieren, es sind tolle Neuigkeiten die er dort hören kann. Gut war seine Idee, sofort hier zu lauschen. Nun konnte er sich mit Marcos Hilfe gegen die Hunter wehren. „ Wie lange benötigen Sie um die bestehenden Hunterchips zu vervielfältigen, um 5000 Stück zu bekommen´´. Ich denke daran das wir so wenig Zeit wie möglich verlieren dürfen wir müssen sofort in jeden Anschluss der in Frage kommt ´´. „ Eine gute Idee Bill, wir benötigen für die restlichen 3000 Hunterviren, zwei Tage´´. „Gut, Braun, hetzen sie die Hunter erst in die Welt wenn wir alle auf einmal einsetzen können. So sind dem Intelligenzbolzen von unseren Gnaden alle Fluchtwege versperrt. Eigentlich meine Herren müssten wir stolz sein auf das was uns gelungen ist, ein Chip der mit denkt. Das bedeutet Möglichkeiten die uns noch weiter an die Weltspitze befördern. An die Arbeit Männer, ich bin Übermorgen dabei, wenn sie die Huntervieren absenden, ist das klar´´. „ Sicher Chef, ich werde sie verständigen sobald wir alle 5000 Hunter zusammen haben´´.„ Gut, Ich werde inzwischen auch die 5000 Anschlüsse kontrollieren die bei uns zum fraglichen Zeitpunkt eingelockt waren. Vielleicht sind ja auch Personen und Firmen darunter die wir mit solch einem Ereignis insbesondere in Verbindung bringen können, Konkurrenz etc.´´. „ Gut ich sehe wir haben uns verstanden, ich hoffe das sie alles ordentlich erledigen´´.

Mit diesen Worten ist Bill Gates verschwunden und auch Compy
setzt sich umgehend ab um mit Marco Gegenmaßnahmen zu erör-
tern. Er will auf keinem Fall in diesem Computer als Forschungschip
enden. Er hat inzwischen seine Möglichkeiten kennen gelernt, die
Menschen schätzen gelernt. Kann mit Freude und Enttäuschung umgehen, hat einen Freund gefunden, der nur das Beste für Ihn will.

***** Compy ist zurück bei Marco

Marco liegt im tiefstem zufriedenem Schlaf als Compy heimkehrt.
Marco hatte lange darüber gegrübelt wie er an einen zweiten Speicher kommen sollte, er hat bei der Formatierung festgestellt dass er
kaum noch Platz in seinen Speichern hat. Compy hat allein 8 Gigabyte mitgebracht. Der Computer hat nur 13 Gigabyte Speicherkapaz-
zität. Er hat Anne dazu überreden können einen zweiten Speicher zu
kaufen, Ihm das Geld dafür vorzustrecken. Deshalb auch der ruhige
Schlaf, er würde Compy mit dem neuen Speicher überraschen. Aber
es kam natürlich anders, Compy überrascht Marco und weckte diesen sofort aus dem Tiefschlaf. Er reibt sich die Augen, ist überrascht
und freut sich darüber das Compy schon wieder zurück ist. Sie halten noch in der Nacht Kriegsrat. „ Das ist natürlich Mist, wenn die
Huntervieren schicken, haben die Dich schnell ausgemacht, was machen wir dagegen"?. „ Ich müsste eigentlich in ein anderes System,
in einen Anschluss der nicht bekannt ist bei Microsoft ". „ Ich habe
eine Idee, mein lieber, ich bekomme Morgen Geld für ein neues
Laufwerk, weil ich durch dein Mitbringsel zu wenig Speicher habe.
Mit diesem Geld kaufe ich kein Laufwerk sondern einen etwas älte-
ren gebrauchten Computer der aber einen Speicher von 500 Gigabyte
hat und nicht mehr kostet als ein neues Laufwerk".

„ Da haben wir Platz genug für dich˝. „ Sehr gute Idee Marco, aber es hilft uns nicht˝. „ Warum hilft es uns nicht?˝. „Weil wir mein lieber Marco keinen separaten Telefon Anschluss für einen Internet Anschluss haben?˝. „ Haben wir mein lieber, dort das Faxgerät hat eine völlig andere Nummer und wir gehen dann an AOL, ich habe die CD, bereits da˝. „ Super Marco, das geht, los hole den Turm und lass uns beginnen˝. „ Stopp mein lieber Compy, ich kann es mir denken das du es eilig hast, aber es ist 2.00 Uhr in der Nacht. Da sind mir alle Hände gebunden. Husch ab in den Computer und ich lege mich noch etwas hin damit ich Morgen nicht mit müden Augen herum renne˝. „ Entschuldige mich Marco ich vergesse das immer. Hau dich hin, ich wecke dich um 7.00 Uhr. Marco hat sich schon in seine Decke eingerollt und ist wieder in einen tiefen Schlaf gefallen. Er kann wirklich zufrieden sein, alles läuft im Augenblick bestens für Ihn und Compy.

Am anderen Morgen läuft alles wie abgesprochen, der Neue Turm wird installiert, der neue Internet Anschluss mit dem Faxanschluss gekoppelt. Das neue Modem gesetzt, und alle Daten die Compy betreffen sind nun in den anderen Turm überspielt. Es bleibt nichts mehr in dem alten Computer von Compy zurück das den geringsten Hinweis auf das vorhanden sein von Compy geben kann. Am nächsten Tag besorgte sich Marco von Freunden noch einen zweiten Bildschirm und ein Keyboard. Compy ist nun wieder voll aktionsfähig und geschützt vor den Huntern, zumindest vorerst. Marcos kleine Freundin Susanne Hat diesen süßen Kobold im Zeichenprogramm etwas ummodelliert, viel schöner gemacht für das menschliche Auge. Er bekam, eine schöne Frisur, schönere Augen und über seinen Oberkörper ein Shirt mit langen Armen die nur noch die Drahtenden, wie zwei Greifenden heraus schauen lassen.

Gleiches vollbrachte Sie auch mit der Hose. Chick sieht er nun nach dieser Veränderung aus. Compy ist richtig stolz auf sich und bedankte sich sehr bei Susanne. So ist im Augenblick eigentlich alles in Ordnung. Sie sind ein gutes Team, dass spürt Compy, er ist froh das er hier bei Marco in Koblenz/Ehrenbreitstein gelandet ist. Alle Freunde Marcos die er bereits über das Internet besucht hat, sind in Ordnung. Gegen Bills Versuchslabor würde er sich mit Händen und Füßen wehren. Er ist sich sicher diesen Kampf zu gewinnen.

***** Kampf um den Stadtpark

Spielplatz und Minigolfanlage Copmpy,s Bewährung
Es ist der 28. July nur noch wenige Tage vor den Ferien, das Wetter beflügelt die Stimmung der Kinder und die Aussicht auf die Ferien. Die Sonne kommt über den Rheinberg hinweg, beleuchtet die alte Silbermine die keine 300 Meter hinter dem Haus von Marco beginnt. Ein beliebter Spielplatz für die Kinder, auch für Marco und seine Freunde. Durch das offene Fenster strömt eine herrliche frische Brise, währen die Sonne damit beginnt die Marksburg und das zauberhafte kleine Städtchen auszuleuchten. Die Marksburg ist so hoch über der Stadt das sie die ersten Strahlen der Sonne treffen und diese nicht verlassen bis sie untergeht. Das Licht der Sonne hellt das schöne Rheintal auf, bringt Wärme und damit Zufriedenheit in die Herzen der Menschen. Marco schläft glücklich und zufrieden. Er kann einmal ausschlafen weil Sie Schulfrei haben. Die Lehrer haben wieder einmal Ihren persönlichen Ausflug. Sie brauchen eine Erholungspause von den Kindern. Aber die Kinder sind sich alle einig das nur umgekehrt ein Schuh daraus wird. Marcos Freundin Susanne ist bereits unterwegs, sie will mit Ihrer Freundin Ullrike Lotze einen Einkaufsbummel machen.

Diese ist aber noch unterwegs zum Bäcker um für Ihre Familie Brötchen zu holen. In Ihren Gedanken versunken bei Marco und Compy, sitzt sie alleine im Wohnzimmer von Lotzes. Die Türen sind offen, auch die der Küche. Sie muss die Gespräche von Ulrikes Eltern mithören. Eine Äußerung von Herrn Lotze lässt Sie unruhig werden. Sie steht auf und stellt sich an die Tür. Hatte Sie das richtig verstanden. Sie stellte Ihre Lauscher auf. Sie hörte nun Herrn Lotze einen rundlichen 45 jährigen alten Knacker deutlich reden. „ In drei Tagen Erika habe ich endlich wieder Arbeit in der Nähe, dann werde ich mittags zum Essen kommen können´´. „ Na, nu Ernst, was willst Du denn in der Nähe machen mit deinem großen Bagger, du hast doch seit Jahren nur weite Wege, wie lange wird die Baustelle dauern´´. „Leider nur drei Monate Erika, aber es werden schöne drei Monate. Wir haben den Auftrag den alten Spielplatz mit seiner Minigolfanlage an der Rheinanlage in Braubach verschwinden zu lassen. Wir machen dort einen großen Parkplatz und einen Festplatz. Ein Teil des Bereiches wird dem Tennisplatz zugeschlagen. Somit ist ein sauberer Anschluss bis zu dem vorderen Parkplatz hergestellt´´. „ Wer ist denn auf diese glorreiche Idee gekommen, den einzigen Spielplatz zu vernichten den die Stadt noch hat. Parkplätze werden gebraucht, viele Parkplätze braucht die Stadt, die meisten Menschen fahren an Braubach vorbei weil wir nicht genügend Parkplätze haben´´. Susanne bleibt beinahe das Herz stehen, nun doch, nun will die Stadt und der Landkreis sie in einer Nacht und Nebel Aktion vor vollendete Tatsachen stellen. Das kann nicht wahr sein, dass wäre ein Riesen Großes Schurkenstück Ich muss sofort zu Marco nach Ehrenbreitstein, dass müssen wir verhindern. Ohne noch länger auf Ulrike zu warten machte sich Susanne sofort auf den Weg zu Marco. Fährt mit dem Bus direkt nach Ehrenbreitstein. Quälte sich die steile Straße hoch. Sie kochte vor Wut, wie können Menschen so mit Ihren Mitbürgern umgehen.

Um alle Schwierigkeiten zu umgehend wollten Sie ohne Vorwarnung am Montag mit den Bauarbeiten beginnen. War erst einmal alles ab aufgerissen, und der Spielplatz abgerissen, dann ist nichts mehr zu ändern. Schlau ausgedacht meine Herren, aber nicht schlau genug, wir Kinder werden es verhindern. Aber wie, wie sollten Sie es verhindern. Marco würde einen Rat wissen, dieser Intelligenzbolzen wusste immer was zu machen ist, fast immer. Sie keucht kräftig als Sie so den Berg hoch stampft. Was muss der Kerl auch so hoch oben wohnen, es ist immer so die Menschen die man am liebsten hat, an die kommt man am schwierigsten heran. Die schwarze Schäferhündin Mona hat Susanne bereits entdeckt und wedelte freundlich mit dem Schwanz. „He, du da schwarze Hexe, mach dein Herrchen wach, wie ich bereits von unten gesehen habe schläft der Kerl noch, hat noch immer die Rollläden unten''. Sie geht durch den kleinen Vorgarten und klingelte Sturm. Sie weiß wie fest und lange Marco schlafen kann, wenn es die Zeit erlaubte. Nichts rührt sich, auch nach mehreren Minuten Dauersturmklingeln nicht. Marcos Mutter ist nicht zu Hause das hatte Sie an der leeren Garage gesehen. Sie geht um das Haus herum und trommelte an seinen Rollladen, mit beiden Fäusten. Marco fährt erschrocken in die Höhe, reibt sich die Augen und steht leicht taumelnd auf. „ Mensch welcher Idiot weckt mich da mitten in der Nacht ''. Er zieht den Rollladen hoch und sieht eine völlig aufgelöste Susanne. „ Mach endlich die Tür auf du Penner, los beeil dich. Ohne Kommentar ist Sie verschwunden. Marco zieht die Jalousien hoch und öffnet das Fenster und macht sich auf den Weg nach oben. Noch taumelnd und kein bisschen wach. Er öffnet die Tür, Susanne reißt Ihn diese fast aus der Hand, Ihre Aufgeregtheit macht Ihn dann doch sofort hellwach.

21

Komm rein in die Küche, meine Güte was ist nur passiert mit Dir?´´.
„ Mir nichts passiert, aber bald unseren Rheinanlagen, die schönen
Anlagen in Braubach sollen am Montag klamm heimlich noch vor
dem Ferien Beginn zerstört werden. Auch der Spielplatz und die
Minigolfanlage sollen platt gemacht werden und alles zu einem großen Park und Festplatz umgebaut werden´´. ´´Was redest du da für
einen Stuss, der Stadtrat von Braubach hat doch nach der Bürgerini-
tiative das Projekt zurückgezogen´´. Ja Marco das hat er, aber
scheinbar nur für ein paar Monate. Sie haben das Projekt dann in
einer privaten Abstimmung mit Unterstützung des Landkreises durch
geboxt´´. „Sage einmal Susanne, woher hast du diese so brisanten
Informationen?´´. „Ich war bei Ulrike, habe dort im Wohnzimmer
auf sie gewartet. Da hörte ich wie Herr Lotze, du kennst doch den
kleinen Dicken Baggerfahrer, wie er erzählt hat das er am Montag
mit seinem Bagger auf dem Spielplatz und dem Minigolfplatz an-
rückt um diese dem Erdboden gleich zu machen ´´. „ Das ist unge-
heuerlich, aber wir wissen nicht ob es sich nur um Reparaturarbeiten
handelt, oder Rohre verlegt werden oder sonstiges gemacht wird. Ich
habe gehört wie er gesagt hat das er bis zum Mittag Beide Plätze
abgeräumt haben muss, einfach zusammenschieben muss´´. „ Das
deutet tatsächlich darauf hin, dass Sie alles abreißen wollen und die
Bürger vor vollendete Tatsachen stellen wollen´´. „ Wir müssen etwas tun Marco, wir müssen die Rheinanlage vor den Automassen
retten´´. „ Das werden wir Susanne, wir werden denen die Hölle heiß
machen, wundern werden sich die hohen Herren. Aber wir können
erst aktiv werden wenn wir genau wissen was gespielt wird. Heute
ist Freitag, es ist bereits 12.30 die Ämter sind alle geschlossen´´. Da
meldet sich der Computer Compy. Tonk, tri. Tonk, tonk hört Marco
das Geräusch. Erregt hängt der kleine Kerl an der Scheibe des Bildschirms.

„ Das ist doch der klare Fall für mich, gebt mir die E-Mail-Adressen des Bauamtes vom Landkreis dann hole ich denen alle Informationen die wir benötigen aus dem Computer´´. „ Klar Compy, dass ich nicht daran gedacht habe´´. Susanne reagierte am schnellsten, sie legte die CD ein mit den Mail Adressen und innerhalb von Sekunden ist Compy verschwunden, nur seine leere Hülle hat er zurück gelassen. „Ein Glück das wir Compy haben, er wird unser bester Freund sein, mit Ihm gemeinsam sind wir unschlagbar´´. „ Hast du Ihm diese Form gegeben, drei Chips, mit den Drähten als Arme und Beine?´´. „ Nein Susanne, er hat sich selbst so gestaltet, es scheint praktisch zu sein. Hier sieh einmal, er kann sich so zusammenlegen das er nur noch die Größe von einem Chip hat´´. „ Ja, praktisch scheint es zu sein, aber glaubst du nicht ob er sich freut wenn ich Ihm eine tolle Kleidung dazu zeichne? . Ich glaube nicht das er etwas dagegen hat Susanne, bei deinem Talent. Du hast Ihm doch schon diese Kleidung gemacht ´´. „ OK, ich fange sofort damit an ich schneidere Ihm moderne Klamotten, wenn er wieder kommt hat er ganz schicke neue Kleidung´´. Der kleine, er ist so ein Schatz und so ein Gewinn für unsere Gruppe, er kann nun das erste mal zeigen was er so drauf hat. Ich bin davon überzeugt er ist ein Wunderchip".

**** COMPY im Bauamtscomputer

Compy ist bereits im Bauamt und wühlte sich gerade durch die Daten der Festplatte, als die Bürotür geöffnet wird. Kommen Sie nur rein Hartmann, ich habe gerade Ihre Zeichnungen abgespeichert. Sie kommen doch wegen der Zeichnung der Rohrleitungsplanung. Compy wurde neugierig und verkrümelt sich in die Ecke des Bildschirm, von hier kann er unauffällig alles beobachten. Vielleicht würde es Ihm weiterhelfen und das suchen erleichtern wenn er etwas über das Projekt erfährt.

Wenn es nun um sein Projekt geht zwischen den Beiden Männern. „ Sie haben Glück Hartmann, wir haben Heute Morgen den Plan für Braubach Rheinanlagen herein bekommen. Ich habe diese gerade abgespeichert und wollte diese zu Ihnen mailen, aber wenn sie hier sind, nehmen sie diese bitte mit´´. Er greift nach der Maus und klickte an und schon spuckte der Drucker das ganze dreimal aus. RP Projekt, Parkplatz Rheinanlage. Nun kennt Compy auch gleich die Dateien, in Windeseile überspielt er alles in Marcos Computer. „ Reichen Ihnen drei Exemplare Hartmann?´´. „Ja, danke Krause drei Stück sind genug. Nun fühle ich mich etwas wohler. Sie wissen doch dass ich noch nicht einmal den offiziellen Auftrag habe. Meine Bagger und Raupen reißen am Montag alles ab ohne offiziellen Auftrag der Stadt´´. „ Keine Bange Hartmann, Ihr Auftrag ist bereits beim Bürgermeister, dort können Sie diesen am Montag abholen´´. „ Hör mal wie mein Computer rattert, die Kiste fällt bald an Altersschwäche auseinander. Zu klein ist die Festplatte schon seit langem, aber glauben Sie die Behörde hier ist in der Lage mir einen neuen zu beschaffen. Programm und Speicher sind völlig überlastet. Wenn Sie mal wieder mit unserem Bürgermeister dinieren dann weisen Sie diesen mal auf diese Anschaffung hin´´. „Hartmann schaute sich sorgfaltig die ausgedruckten Zeichnungen an. Es ist alles in Ordnung, Montag können wir erleben wie dumme Bürger ausgetrickst werden´´. „ Hoffentlich mein lieber Hartmann geht das nicht in die Hose, dann rollen hier einige Köpfe´´. „ Seien Sie nicht so ängstlich, Ihr Kopf doch bestimmt nicht der Bürgermeister ist doch ein ausgekochter Fuchs. Der wird Sie und sich schon aus der Scheiße heraus halten. Aber was soll schon passieren der Spielplatz und der Minigolfplatz sind verschwunden bevor die Bürger aufstehen, es gibt einen Aufschrei aber alles ist unwiederbringlich verschwunden´´.

„Ich habe trotzdem ein ungutes Gefühl Hartmann, für sie ist das ein
fetter 4 Millionen Auftrag aber mir bleiben nur Sorgen`'. „ Hart-
mann zieht ein kleines Päckchen aus der Tasche und wirft es dem
Amtsleiter zu. „ Hier fangen Sie auf Krause, der Inhalt wird sie etwas über Ihren Seelenschmerz hinweg trösten, das ist eine sehr gute
Medizin gegen schlechtes Gewissen''. Krause fängt die Tüte auf,
blättert mit spitzen Fingern durch, 10 x 500 € Scheine zählt Compy
mit. „ Ein gutes Mittel Hartmann, alle Schmerzen sind wie
weggeblasen''. „ Sehen Sie Krause für jedes Wehwehchen gibt es
ein Mittel, die Welt will leider immer in Ihr Glück gepresst werden.
Nichts geht von alleine, die Welt will beschissen werden''. „ Ja, Ihr
Drecksäcke flucht Compy wir werden es Euch schon zeigen, wartet
ab''.Compy springt auf als eine wilde Fratze ziehend in den Bildschirm, lässt es schrill klingeln und verschwindet wieder. Kraus fährt
höchst erschrocken zusammen, die Tüte gefüllt mit Geld fällt ihm
aus der Hand. Die Scheinchen segeln unter den Schreibtisch. Krause
will sich zu schnell bücken und knallt mit seinem Kopf auf die
Tischplatte. „ Ja mein lieber denkt, Compy, Geld scheint Blind zu
machen.

„ Scheiße'', schreit Krause „dass fängt schon gut an. Kaum kriegt m
mal wirklich Geld für seine Arbeit, da ist es schon mit Schmerzen
verbunden. Hartmann lacht, „was war denn los Krause, haben sie
sich vor Ihrem Computer so erschreckt?''. „ Haben Sie das nicht
sehen können Hartmann, eine ganz freche Fratze hat mich
aus dem Bildschirm angefaucht". Hartmann lacht noch mehr, „Was
der Computer hat Ihnen eine Fratze gezogen, er glückste vor Lachen
kann sich bei dem Gedanken nicht mehr ein bekommen. Krause der
seine Geldscheine wieder zusammen gesucht hat, ist es nicht mehr so
wohl in seiner Haut Ihm brennt auf einmal die Tüte mit dem Geld in
seiner Hand.

„ Krause was sie gerade erlebt haben ist die Computerpest, ist wie Delirium beim Alkohol, wenn man nur noch vor seinem Computer hockt passiert so etwas. Kommen Sie, sie sind völlig überarbeitet wir gehen etwas Anständiges essen und ein schönes Pils trinken. Ha ha ha, lachte Hartmann das war der Knüller Computerpest auf dem Bauamt, sieht der Fratzen auf dem Bildschirm. Compy schimpfte vor sich hin, Computerpest, das ist eine ausgewachsene Schweinepest in diesem Amt. Der Bürgermeister von Braubach reißt die Tür auf und tritt in die Amtsstube. „ Was gibt es denn hier zu lachen Männer''. Hartmann gluckst immer noch herum und biegt sich vor lachen. Krause zeigt nur auf Hartmann und tippt bedeutungsvoll an seine Stirn. „ Alles klar Jupp, ich musste nur lachen weil dein Amtsleiter wilde Fratzen auf dem Computersieht ''. „ Dann ist ja alles in Ordnung, haben Sie die Zeichnungen die sie benötigt haben''. „Ja die habe ich bekommen''. „ Dann will ich hoffen mein lieber das am Montagmittag kein Stein mehr auf dem anderen steht. Den Vertrag kannst du dir Montag in meinem Büro in abholen, er ist fertig, so wie besprochen.

Was meinen Sie denn Krause, wird alles klar gehen''. „ Wenn Sie den Riesen Beschiss meinen, dann ja, es wird schon klappen''. Seit wann sind sie denn so dünnhäutig Krause, sie haben doch schon ganz andere Sachen durchgezogen als diesen läppischen 4 Millionen Auftrag.''. Wie ich an der Tüte in Ihrer Hand erkennen kann, hat es sich für Sie jetzt schon mehr als gelohnt, bevor Hartmann angefangen hat''. Blitzschnell, verräterisch schnell verschwindet die Tüte im Jackett des Bauamtleiters der rot anläuft und sich ertappt fühlt. Der Bürgermeister grinste nur, für Ihn ist der dickere Brocken abgefallen, er war genau darüber informiert wie viel der Amtsleiter eingesteckt hat.

„ Geld mein lieber Krause, stinkt nicht, es nützt auch nur dem der es hat. Geld stinkt nicht und kennt keine Skrupel. Ich denke das wir drei zu der Sorte Menschen gehören die das Geld lieber selber haben''. Sie lachen alle drei, Krause schaltete den Computer ab und wagt kaum diesen zu berühren. Nur mit den Fingerspitzen berührte er das Keyboard um das Programm zu beenden. Dann los Männer gehen wir speisen. Hartmann schiebt die Beiden Amtspersonen durch die Tür. Meine Herren es ist schon lange Feierabend, wir wollen nicht die letzten sein.

Compy flitzte über das Netzwerk weiter in das Bürgermeisteramt in Braubach, schnell hat er im Computer die Aufträge gefunden und saust damit zurück zu Marco. Bei Marco angekommen wird er sofort freudig begrüßte, die Beiden bedanken sich für seine so gute Arbeit. Sie haben nun absolute Klarheit, man will die Rheinanlagen auf dieser Seite bis zum Tennisplatz tatsächlich platt machen. Statt Spielplätzen mehr Tennis und ein Tummelplatz für die Autos bauen. Wenn die Gauner glauben uns überlisten zu können dann haben sie sich getäuscht. Compy spielte im Computer verrückt, er hat sein neues Outfit entdeckt und ist super zufrieden damit, bedankt sich tausendmal bei Susanne. Dann lehnt sich Compy zurück und erzählt den Beiden was er so im Bauamt alles vernommen hat. „ Du warst Spitze Compy, wir haben nun alle beweise dafür in der Hand das der Rat gegen den Bürgerwillen agieren will und gegen die Kinder den Spielplatz und die Minigolf Anlage abreißen will''. „Diesmal werden wir den Erwachsenen das fürchten lehren, ich habe bereits einen Plan''. „ Wie Marco willst Du gegen die Erwachsenen ankommen, was willst Du gegen Sie ausrichten, wir haben keine Chance''.

„ Doch Susanne wir werden gewinnen in der Masse liegt die Stärke, wir müssen alle Kinder mobilisieren. Wir und unsere Freunde von der Presse werden Sie von Ihren Stühlen fegen. Wir werden die Aktion Generalstabsmäßig planen. Es gibt nur einen Zugang durch den Sie den Spielplatz erreichen können. Wann Susanne wird Lotze am Montag mit dem Abriss beginnen? Lotze will um 6.00 Uhr mit dem Abriss beginnen, das würde bedeuten dass Sie um 5.00 spätestens den Bauhof verlassen müssen. Wir müssen die großen Maschinen daran hindern, vor 10.00 Uhr mit dem Abriss beginnen zu können. Bis dahin haben wir alle Kinder mobilisiert. Das einzige Problem sehe ich darin, dass wir die Kinder erst sehr spät am Montag informieren können. Wir müssen diese direkt aus den Schulen holen, wenn vorher etwas bekannt wird, kann es nicht geheim gehalten werden. Nur unsere Freunde dürfen davon wissen˝. „ Gut Marco, das verstehe ich, aber wie willst du die Riesen großen Maschinen aufhalten. Lotzes Bagger ist so groß wie ein Haus? ˝. „ Auch große Maschinen haben winzige Teile die wichtig sind um Sie zu bewegen oder Ihn zum laufen zu bringen, diese Teile werde ich Ihnen Sonntagnacht so zurichten, dass sie Stunden benötigen um Ihre Häuser großen Maschinen in Gang zu setzen. Diese Stunden müssen reichen um die gesamte Rheinanlage mit Kindern zu überschwemmen. Dann wird unser fliegender Reporter Hannes aus Lahnstein von der Rheinzeitung zugegen sein und das seine Dinge dazu tun. Vor den Berichten der Rheinzeitung haben alle riesigen Respekt. Trommel für Heute Abend unsere ganze Truppe zusammen, jeder muss einen Part der Arbeit übernehmen. Mehr als wir sechs dürfen nicht davon wissen. Hast du Angst dass alles verraten wird˝.

„ Nein nicht direkter Verrat, aber es gibt zu viele unbedachte Plappermäuler, die nicht unbedingt etwas Böses dabei denken. Wir müssen die Angelegenheit bis Montag früh unter uns behalten. Am Freitagabend findet noch die große Versammlung des nun umbenannten Compy Clubs statt. Marco und Susanne weiht alle in Ihre Erkenntnisse und Geheimnisse ein. Compy zeigte Ihnen was er so alles drauf hatte und Marco kann sie dann mit den Unterlagen davon überzeugen dass alles seine Richtigkeit hat. Die Arbeit wurde verteilt. Marianne und Wolfgang sind dafür zuständig die Schilder für die Schulen zu machen und diese am Montag bis 7.00 Uhr an den Bushaltestellen und den Schulen montiert zu haben. Die Kinder sollten informiert sein bevor diese in der Schule sind. So sind diese bis um 8.00 Uhr alle in den Rheinanlagen. Marco informierte sofort Hannes den rasenden Reporter. Dieser sagt Marco sofort zu, am Samstag Morgen in die Rheinanlage zu kommen. Die Anderen wollen am Samstag und Sonntag die Schilder machen und Laufzettel verbreiten. Erst sehr spät trennt sich der Geheimbund, viele gehen erst nach Hause als die Eltern sie telefonisch abmahnten. Sie verabreden sich alle für Sonntag am späten Nachmittag, bis dahin will jeder seinen Part erfüllt haben.

Marco entdeckte Compy ganz zusammen gesunken in der unteren linken Ecke des Bildschirms. Ganz traurig sitzt er dort und scheint zu weinen, ein trockenes Schluchzen entrinnt dem kleinen Kerl. „He Compy, was ist mit Dir, warum bis Du auf einmal so traurig´´. Compy blickte auf, entschuldige Marco, aber wenn ich euch alle Sehe, wie ihr euch da draußen bewegt und agiert und ich bin auf ewig da drinnen eingesperrt´´.

29

„ Aber Compy, du bist doch unser wichtigstes Mitglied ohne dich können wir dies alles doch überhaupt nicht bewältigen". „ Schon, aber ich möchte auch draußen sein wenn es spannend wird, bei Euch sein. Ich möchte Eure Welt sehen und erleben nicht immer im Internet gefangen sein". „ Du hast irgendwo recht, aber wie kann ich dir helfen mein Freund, sag mir wie du draußen überleben kannst, sag mir welche Medien du benötigst um dich draußen zu bewegen. Ich habe längst auch daran gedacht dich aus dem Kasten zu holen. Schau einmal hier, was ein Freund gebastelt hat. Marco hält Compy sein Ebenbild der Zeichnung entgegen, hier schau diese Anstecknadel ist genau so gefertigt wie du aussiehst im Computer. Diese Nadel soll das Zeichen für unseren Club sein. Die Nadel ist wie Du im Computer aus drei Chips gefertigt, mit Stahldrähten als Arme und Beine. Sogar einen kleinen Trafo für verschiedene Spannungen haben wir integriert. Mit den Drähten der beiden Arme und Beine kann man den Trafo wieder aufladen. Schau her, wir können deine Augen leuchten lassen und du kannst dich bewegen wie im Computer". „ Wieso ich, warum kann ich mich so bewegen, ich bin doch nicht in der Anstecknadel, dass ist ein totes Ich, mein totes Spiegelbild". „ Da hat mein Freund leider recht, es ist nicht mehr als eine hübsche Anstecknadel, aber halt, was ist wenn diese Anstecknadel einen kleinen Sender und Empfänger bekommt". Compy schüttelt den Kopf, „willst du mit dem Ding Musik hören?". „ Nein Compy, ich habe eine Idee, wenn das funktioniert bis du gerettet und wir auch". „ Was für eine Idee, sag es mir sofort". Ich habe das neulich bemerkt, du turnst auch durch das Antennenteil des Computers für Fernsehempfang.

Was ist wenn du in deinem Urzustand auch auf Radiowellen reisen kannst?''. „ Marco, nun kapiere ich, Du willst mich über Radiowellen in deine Anstecknadel holen''. „ Los Junge, bau einen Sender und Empfänger in deine Nadel, ich werde mich in meine Daten zurückziehen versuchen mich Wellenfahrbar zu machen. Mit meinen Daten die ich mitgenommen habe könnte das möglich sein''. Schwupp ist Compy in seinem Datensalat verschwunden. Marco nimmt die Nadel und sucht die Empfänger und Sender, die er sich einmal gekauft hat für eine Fernsteuerung für sein Modelauto. In einer alten Zigarrenkiste im Wohnzimmerschrank findet er diese Teile. Mit Lötkolben und Pinzette passte er diese an eine Spange an. Er machte das so geschickt, dass es nicht auffällt, wenn die Nadel angesteckt ist. Marco ist innerlich hin und her gerissen, wollte Compy von seinem Erfolg berichten. Tut es dann aber doch nicht, er muss warten ob es Compy gelingen würde sich Wellenfahrbar zu machen. Er schaltete seinen Fernseher an und legte sich aufs Bett. Vorsichtig nimmt er die Nadel ab und legt diese auf seinen Nachtschrank. Er bewunderte diese Superarbeit von seinem Schulfreund Kurt. Er ist ein Künstler, eine schönere Nadel hatte er noch nicht gesehen. Es hatte Marco auch einiges gekostet. An schlafen ist nicht zu denken, zu aufgeregt ist Marco. Wird es Compy gelingen durch die Luft zu fliegen, das wäre eine ganz neue Dimension. Irgendwann schläft Marco dann doch vor Übermüdung ein. Es war fast elf Uhr am Vormittag als seine Mutter ihn weckt. „He, wach auf du müder Krieger, das Frühstück ist schon eiskalt''. Marco reibt sich die Augen und zwinkert zum Computer, aber dort rührt sich noch immer nichts, dies bedeutet das Compy noch an einer Lösung arbeitet.

Marco geht zum Zähneputzen und duschen, um dann in aller Ruhe
zu Frühstücken. Hin und wieder meldete sich einer der Freunde am
Telefon, alle sind sehr beschäftigt. Marco fährt nach dem Frühstück
mit seinem Fahrrad zum Lagerplatz der Firma Hartmann, er muss
schauen was sich dort tut. Er stellt sein blitzsauberes Rennrad am
Zaun ab. Auf dem Bauhof ist mächtig Betrieb, Bagger und Raupen
werden abgeschmiert. Der größte Bagger wird auf einen kleinen
Tieflader verladen. Links und Rechts stehen die breiten Ketten über
die Breite des Tiefladers gefährlich hinaus. Lotze sitzt in dem
Monstrum und rangiert das Gerät hin und her. Der Tieflader scheint
unter dieser Last zusammen zu brechen. Die riesige Schaufel des
Baggers schwebt gefährlich über dem Dach des Zugfahrzeuges. Auf
dem anderen Tieflader wird eine Schubraupe verladen. Hinten auf
dem Hof werden fünf Kipper gewaschen und betankt. Alles sieht
nach der Vorbereitung für den Großeinsatz in Braubach aus. „Ich
kann leider erst tätig werden wenn die Männer alle verschwunden
sind, spricht Marco vor sich hin. Er umrundet ganz gemütlich und
unauffällig den Lagerplatz. Nur die beiden Schäferhunde nehmen
Notiz von ihm und bellen Marco lautstark an. Die Beiden werden
mein größtes Problem werden, wie werde ich auf das Gelände kommen ohne das die mich anknabbern. Ich kann frühestens am Sonn-
tagnachmittag damit beginnen die Fahrzeuge unschädlich zu machen. Es könnte immer noch sein das einer der Fahrer vorher noch
sein Fahrzeug testet. Hartmann erscheint auf der Bildfläche und
spricht mit jedem seiner Fahrer und insbesondere mit Lotze. „Lotze
du muss dich ranhalten, ist deine Mühle in Ordnung?''. „Alles ist
OK Chef, ich habe mir das heute Morgen nochmals in Braubach
angesehen.

Wenn ich um 6.00 Uhr anfangen kann, dann steht um 9.00 Uhr nichts mehr. Spätestens um 11.00Uhr hat die Raupe die Reste zusammengeschoben und ich verlade dann auf die LKWs″. „ Gut so Lotze, sag den Leuten, dass sie eine Prämie bekommen wenn am Nachmittag alles verschwunden ist″. „ Das hören die Männer gern Chef, eine Prämie ist immer gut″. Marcos Handy klingelt, seine Mutter ist dran. „ Marco du musst sofort nach Hause kommen, es ist irgend etwas mit deiner Anstecknadel auf dem Nachtisch, die zuckt und macht ganz komische Geräusche, bitte beeil Dich″. Wie ein geölter Blitz radelt Marco nach Hause, sollte der kleine Kerl es doch geschafft haben. Er benötigt vom Bauhof in Lahnstein keine 10 Minuten nach Ehrenbreitstein, er stellt sein Fahrrad an dem Jägerzaun ab und rast ins Haus. Da sieht er seine Mutter ganz verstört im Zimmer stehen und schaut ganz entsetzt auf die Nadel die sich dort windet und dabei leise Geräusche von sich gibt. „ Marco was ist das, was hast du da schon wieder gebaut, schalte das Ding ab″. Marco nimmt ganz behutsam die Anstecknadel in die Hand, klappt diese ganz vorsichtig auf. Es kommt Bewegung in die aufgeklappte Figur. Die Mutter verläst kopfschüttelnd das Zimmer. Was der Junge sich da immer zusammen bastelt, wenn das einmal nur irgendwelchen Sinn hätte. Nur dummes Zeug baut der Kerl. Tatsächlich aber reckt und streckt sich die Figur, bewegt sich, die Arme und Beine krümmen sich ziehen sich zusammen und öffnen sich wieder. „ Compy, Compy du hast es geschafft du bist in dieser süßen Figur. Marko wird mit einemmal klar, dass Compy sich ja nur durch Zeichensprache verständigen kann.

Er hatte keinen Lautsprecher, keine Ohren und keine Augen. Während Compy sich in der Figur einrichtete, sammelte Marco, alles was in seinen Technikschubladen ist. Eigentlich alles was er benötigt um Compy zum hören, reden und zum sprechen zu bringen hat er zu Hause. Sogar die kleine Miniatur Kamera funktioniert noch sehr gut. Marco ist bis tief in die Nacht beschäftigt, es ist fast zwei Uhr in der Nacht bis er fertig ist und den Lötkolben zur Seite legt. Compy schaut ihm vom Bildschirm interessiert zu und gibt ihm Ratschläge wegen der Schaltkreise und Schaltungen. Er hat die Chips gründlich studiert und weis wo Marco Brücken Löten muss, neue Verbindungen schaffen muss. Nun mein lieber Compy, schlüpf hinein, wenn alles funktioniert dann verklebe ich die Kabel und mache von hinten eine schöne saubere Kunststoff Verkleidung über den Chip". „ Weißt du Marco, ich traue mich nicht in diese schöne Figur hinein, ich kann sehen, sprechen, hören, klettern, laufen so wie andere Kinder, ich kann es nicht fassen, wenn es klappt. Ich habe große Angst davor es zu testen". „Komm Compy es muss funktionieren, auch wenn wir vielleicht verschiedenes noch ändern und verbessern müssen". „Nah gut mein lieber, wagen wir es". Damit taucht Compy über den Empfänger in die Figur ein, es funktioniert alles hervorragend, bis auf Compys Stimme, die klingt ein wenig verrostet und hohl. Compy springt herum und macht Purzelbäume und scheint vor Freude auszurasten. „Halt, halt Compy, ich muss erst einmal alle Kabel sichern, damit nichts kaputt geht. Wie fühlst du Dich in deiner neuen Welt?". Einfach Klasse Marco, ich könnte weinen vor Freude". „ Bloß nicht, dann haben wir nur Kurzschlüsse, deshalb muss ich dich jetzt noch Wasserdicht machen und Dir einen anderen Lautsprecher einbauen, du klingst so sexy. Wenn sonst alles klar ist dann mach dich zurück in den Computer".

,, OK, damit ist Compy auch schon wieder aus der Figur verschwunden. Dieses wechseln von der Spange in den Computer über Radiowellen funktioniert schneller als Marco dies begreifen oder sehen
kann. Marco bastelt noch Stunden daran den Lautsprecher zu wechseln die Kabel zu ordnen und alles von hinten mit einer festen Harz-
gussmasse zu verschließen. Nun kann die Figur so gar ohne Schaden
zu nehmen ins Wasser fallen. ,, Compy, du kannst erst morgenfrüh
in die Figur, der Kunstharz muss in den Backofen und richtig aus-
härten, bei 50-60 Grad. Marco packt die Figur in den Backofen, er
braucht noch einige Zeit um die Notwendigkeit seiner Mutter zu
erklären. ,,Na ja schön ist die Figur, ich verstehe auch das die Gussmasse trocknen muss. dann geht es ab ins Bett, hast du mich verstanden, es ist bereits vier Uhr in der Früh''. ,,Wecke mich Morgen
bloß nicht vor dem Mittagessen, wenn meine Freunde anrufen,
wimmele diese ab, was immer die auch wollen''. ,,Das wird mir kein
Problem machen, was wird aber mit der Figur?''. ,,Was glaubst du
wohl, ich stehe auch nicht vor 10 Uhr auf''. ,, Das ist gut, wenn du
dann die Nadel aus dem Ofen nehmen kannst zum abkühlen?''. ,,Na
gut ich werde sie dir auf deinen Nachtisch legen''. ,, Danke Anne
und gute Nacht''. ,,Gute Nacht du König der Bastler'' . Marco liegt
kaum im Bett, da wird Ihm bewusst. dass er vor lauter Bastelei um
Compy etwas sehr wichtiges vergessen hat. Den rasenden Reporter
hatte er noch nicht informiert, der musste natürlich auch handeln.
Marco setzt sich an seinen Computer und schreibt diesem ein Mail
und sendet ihm den Bauauftrag zu den Compy aus dem Stadtamt in
Braubach hat. Schließt das ganze mit der Bitte ab, ihn Marco heute
Nachmittag aufzusuchen. Tschüß Compy, nun haben wir doch alles
erledigt, oder?''. ,, Ich denke ja, Marco, du musst jetzt in Bett''.

„ Gute Nacht Compy, schlaf schön. Ach so, habe ich Dir noch nicht gesagt, ich habe oben auf der Rückseite der Spange von einem kleinen Rechner die Solarzellen montiert, damit du auch so Energie aufnehmen kannst''. „ Marco ich weis nicht wie ich das wieder gut machen kann, aber nun verschwinde endlich in dein Bett''. „ Du hast Recht mein Freund, Morgen wird noch ein anstrengender Sonntag, ich wünsche Dir auch eine angenehme Nacht''. „ Mona Dir auch, verschwinde jetzt in dein Körbchen''. Die schwarze Lady erhebt sich und verschwindet ohne den Kopf noch einmal zu drehen. Marco schließt die Tür und legte sich nun hin. Aber die anderen Kinder sind auch noch bis vor zwei Stunden fleißig gewesen, der Vater von Marianne der in die Aktion eingeweiht werden musste, hat seinen Kopiershop in Lahnstein den Kindern zur Verfügung gestellt. Die haben die Handzettel die sie erst an den Computern gemacht haben vervielfältigt. Die Schilder machen sie an die Schulen und Bushaltestellen kommen sollen gedruckt und kopiert. Alle liegen jetzt rechtschaffen Müde in ihren Betten. Sie alle ahnen noch nicht was ihr Compy für einen technischen Sprung gemacht hat. Das dieser Liebe und clevere Bursche nun immer bei ihnen sein kann. Compy selbst faulenzt auch in der Nacht nicht, er ist unterwegs und speicherte all das technische Wissen und Allgemeinwissen in sich auf das in den Dateien der Computer versteckt ist. Er wird zum wandelnden Lexikon und zum Fachexperten in jeder technischen Richtung.

Compy macht auch einen Ausflug in die Chipküche von Mirko Soft. Die Hunter und Hunterfallen und Weichen machen ihm keine Probleme. Er trickst diese geschickt aus. Es ist schon spät , trotzdem wird in der Nähe von Seattle im Staate Washington noch gearbeitet. Im Labor von Bill Gates bewegt sich einiges.

Compy stellte das erste Mal fest das er Angst hat, das erstmal Gefühle dieser Art an sich entdeckte. Das enge Zusammenleben mit Menschen hat ihn zu einem einfühlsamen Chip gemacht. Er hat auch Angst davor hier geschnappt zu werden und nicht mehr zurück zu können. Zurück zu Kindern die er sehr lieb gewonnen hat. Compy durchforstet den Computer um zu erfahren ob sie bezüglich seiner Flucht mit den Huntervieren weiter gekommen sind. Compy hat sich gerade bequem gemacht, als auch die Eingangstür zum Labor aufgestoßen wird, kein anderer als Bill Gates erscheint in der Tür. „Na meine Herren, gibt es etwas Neues über unseren Flüchtling?″. ″Ich bin gerade dabei die von den Huntern gesendeten Daten zu sortieren und zu ordnen, in eine übersichtliche Form zu bringen. Wir haben drei Anschlüsse herausgefiltert die eigentlich auf die Sekunde genau bereitstanden als unser Chip sich verflüchtigte″. „Welche Anschlüsse, klären Sie mich auf?″. Ein Anschluss in Italien, der Anschluss eines Kunden der eine Bestellung aufgegeben hat, bei dem sind die meisten unserer Hunter, der hat eine große Anlage und viele miteinander vernetzte Systeme, da könnte sich der Ausreißer am besten verstecken, dort vermuten wir den Kerl auch. Dann ist da der Anschluss in London, ein kleiner Junge nutzt diesen Anschluss, kommt kaum in Frage, kann kaum mit dem Computer umgehen, hat versucht Updates zu holen, ist ihm nicht gelungen. Der dritte Anschluss ist in Deutschland in Koblenz haben wir ermittelt, ebenfalls ein Junge, der aber clever mit seinem Computer arbeitet, der das Zeug hätte unseren Chip in seinem System zu finden. Wir haben dessen System bis auf den letzten Millimeter bis auf das letzte Bit untersucht, haben keinen Hinweis auf unseren Flüchtling gefunden.

Wir haben mehrere Hunter wachen postiert konzentrieren uns aber auf den Anschluss in Italien´´. „ Gut so Dr. Braun, ich weis das wir ihn bekommen werden, ich habe so das Gefühl das er uns immer nur eine Nasenlänge voraus ist. Ich bin in der nächsten Zeit in Deutland, werde mir einmal den Jungen ansehen, vor allem aber seinen Computer. Wie weit sind Sie mit den anderen Tests?´´. „ Ich mache gerade Versuche um die Schaltgeschwindigkeit zu erhöhen, damit wir noch effektivere Rechner einsetzen können. Der Rechner Produzent entwickelt bereits ein System das schneller arbeiten wird, ich habe von dort Insiderinformationen. Wir wären dann wieder die Ersten die eine Nutzung dieses superschnellen Rechners möglich machen. Ich ziele darauf ab all unsere bereits verkauften Windows-Programme dann aufzurüsten. Das wird mächtig in unserer Kriegskasse klingeln wenn viele Millionen Mikro Soft Kunden die Daten zusätzlich aufladen können´´. „ Prima, das ist flexibel mitdenken Dr. Braun, machen Sie jetzt auch Feierabend. Morgen ist Sonntag, sie wollen doch zum Angeln an den Pazifik, tun sie das´´. Tschüß.

Er konnte nicht ahnen das sein neues ICH bereits aus dem Backofen heraus war und bereits abgekühlt auf Marcos Nachttisch liegt. Er macht sich ebenfalls auf den Heimweg, er hat bei Micro soft genug erfahren. Er freute sich riesig als er die kleine Figur dort auf dem Nachtisch von Marco sieht. Ja das ist ein anderes Leben hier mit den Kindern, etwas anderes als in diesen großen anonymen Computern, an all den Millionen Chips geht das Leben vorbei. Aber sie alle kannten nichts anderes als zu funktionieren. Zu speichern, wieder abzugeben, Schaltkreise zu betätigen, es natürlich mit unter auch spannend. Aber gegen das wirkliche Leben ist es nichts. Compy schlüpft in die neue Figur.

Er benötigt nur weinige Sekunden um sich darin einzurichten, testete sein neues Kameraauge, sein Gehör, seine neue Stimme, alles ist hervorragend. Er faltete sich zusammen und auseinander, alles funktionierte klasse. Seine große Kraft in den Stahlfederarmen und Stahlfederbeinen erstaunt ihn sehr. Mühelos hebt er die Nachtischlampe an. Er kann sich ohne Mühe ganz schnell bewegen. Am schnellsten gelingt es ihm, wenn er sich zusammenklappt. Dann flitzt er wie ein Krabbeltier über die Bettdecke. Marco bekommt von Compy,s Trainingszeiten nichts mit. Marco hat nicht einmal bemerkt, dass seine Mutter die Anstecknadel aus dem Backofen geholt hat. Der Kerl ist völlig weggetreten, schläft als wäre er bewusstlos. Erst die Düfte aus der Küche bringen später langsam wieder Leben in Marco. Die Dusche und das Mittagessen runden die Sache ab. Stolz trägt er die Compy Spange auf dem Revers seines Hemdes. Er schaut hinunter auf den Rhein, dort ziehen die Schiffe der weißen Flotte wieder in beide Richtungen dahin. Mona stupst seine Hand an, ist schon gut Mona, wir gehen gleich nach unten werden uns die Kampfzone für Morgen noch einmal anschauen. Er setzte sich noch einmal an den Computer, will schauen ob noch eine Mail gekommen ist, insbesondere von Hansen dem Reporter. Der hat als einziger eine Mail geschickt. Danke Marco, wie hast du das wieder geschafft. Ich werde den Artikel Heute noch schreiben. Morgen Früh liegt dein Aufruf in jedem Haushalt in den unsere Zeitung geht. Ich werde auch so früh wie möglich dort sein. Ich möchte mich aber noch gern mit Dir treffen, geht das. Marco mailt sofort zurück, ja wir können uns treffen, ich gehe an den Rhein und dann zum Lagerplatz der Firma Hartmann. Wenn wir uns dort in ca. einer Stunde treffen könnten. Bringen Sie die Kamera mit es gibt dort einige interessante Bilder zu machen. Ich gehe los, die Bilder können Sie auch machen wenn sie meine Mail erst später lesen können.

Los Mona, hole deine Leine wir wandern an den Rhein. „ Compy willst du mit? Wie fühlst du dich denn nun in deiner neuen Haut und Technik″. Ausgezeichnet Marco, du hättest es nicht besser machen können. Augenblick ich bin gleich in der Spange. Mit einem klappern bestätigt er seine Ankunft in der Spange. „ Es kann losgehen meine Freunde ich bin bereit″. „He Marco, drückst du dich wieder vor dem Küchendienst?, Essen und verschwinden″, ruft seine Mutter verärgert hinter Ihm her. Ich muss noch einmal an den Rhein und Mona muss auch unbedingt etwas laufen″. „ Ja, ja hau schon ab, wann wirst du denn wieder zurück sein?″ . „ In zwei Stunden denke ich, ich treffe mich noch mit Hansen″. „ Gut, pass aber auf das Mona nicht wieder ins Wasser geht, das Wetter ist nicht so gut″. Die Antwort hörte die Mutter nicht mehr, weil die Tür bereits zugeschlagen wurde. Die drei marschieren glücklich an den Rhein, jeder aus seinen eigenen Motiven heraus. Unten auf der Bank sitzt bereits Hansen und schaut den dreien entgegen. Es ist ein toller Platz, Hansen schaut über den Rhein auf das Deutsche Eck. Seine Zeitung hat den gewaltigen und schönen Kaiser auf dem Denkmal gestiftet. Man schaut auch direkt in die Mosel Mündung und auf der anderen Seite auf das Treiben auf dem Camping Platz. In seinem Rücken hat er eine der größten Festungen Europas. Diese Festung hat viel erlebt, schade das diese nicht erzählen kann. Der Reporter nimmt natürlich auch Marco und Mona wahr die durch die Brücke unter der Bundesstrasse 42 hindurch kommen direkt aus Ehrenbreitstein. „ Du hältst Ruhe Compy unser Freund Hansen darf nichts von Dir bemerken, du darfst nicht in die Öffentlichkeit, leider. Vor Hansen durfte Marco sein Geheimnis auch nicht preisgeben.

Er ermahnte Compy auch solange ruhig zu bleiben bis der rasende Reporter wieder verschwunden ist. Hansen und Marco begrüßen sich wie alte Freunde per Handschlag. Hansen hatte schon viele wichtige Informationen von Marco und seinen Freunden bekommen, immer waren diese Informationen in Ordnung und brachten Ihm viel Lob seines Chefredakteurs ein. Deshalb war er immer da wenn Marco und sein Club Ihn benötigten. So war er oft mit dabei wenn Kindern geholfen wurde. Kinder für Kinder war immer eine tolle Sache. Er denkt an die vielen Projekte die Sie gemeinsam gemacht haben. Aber nun schien alles in eine Neue Dimension zu bekommen. Marco verfügt auf einmal auch über Geheime Unterlagen aus dem Rathaus. Hansen muss gestehen das es auch Ihm nicht möglich gewesen wäre diese aus dem Rathaus heraus zu bekommen. Wenn er an die vielen Kinder dachte denen Sie bereits gemeinsam helfen konnte, war dies schon eine tolle Sache. Deshalb begrüßen sich die Beiden auch wie alte Freunde.

Dieses Mal lieferte Marco auch gleich noch den schriftlichen Auftrag aus dem Stadthaus mit, eine neue Dimension der Zusammenarbeit. „ Ihr seit schon Teufelskerle und habt höllisch gute Mädchen in Eurem Club. Wie seit Ihr nur an diese brisante Info gekommen, dies gleich mit erschlagenden Unterlagen. Das wird den halben Stadtrat von den Stühlen fegen. Ich war im Übrigen bereits am Bauhof von Hartmann. Du hast recht sehr interessante Bilder, alles steht bereit für den Einsatz. Wie aber Marco willst du die Maschinen daran hindern zum Einsatz zu kommen.

Die werden doch schon ganz früh in Braubach anrücken?. Dafür
werde ich Heute Abend sorgen, ich werde alle Benzinschläuche ab-
schneiden und verschwinden lassen. Die Zeit wird genügen. Wenn
die um 5.00 Uhr antanzen, werden die mindestens zwei Stunden benötigen um die Fahrzeuge und Autos einsetzen zu können". „ Wie
mein lieber willst du die Beiden scharfen Hunde überlisten?". Das
macht Mona super, die wird die Beiden beschäftigen und mir die
Zeit geben mein Arbeit zu tun". „ Ganz schön mutig, muss ich da
nur sagen. Die ganze andere Organisation, den Auftrieb der Kinder
usw. das erledigen deine Freunde und Freundinnen". „Ich hoffe
dass alles so klappt, der Platz in Braubach muss voll von Kindern
sein, damit kein Fahrzeug dort herein kommt". „ Sehr gut Marco,
damit könnten wir zumindest für Montag alles verhindern, unser
Artikel wird das seine tun, ich denke auch das sich die Erwachsenen
genauso an der Aktion beteiligen werden. Ich auf jeden Fall bin um
6.00 Uhr auf dem Lagerplatz und werde alles verfolgen, ich hoffe
dass du die Bagger und Autos aufhalten kannst. Dann bis Morgen
Marco und viel Glück Heute Abend, ich drücke dir die Daumen.
Hansen strahlt er hatte wieder einmal eine Story die Spaß macht und
Ihn in seiner Zeitung nach vorn bringen wird. Sie waren fast alleine
an der Rheinanlage, für die meisten ist es für einen Spaziergang
noch zu früh. Mona konnte frei umher tollen niemand störte sie hier
unten. Nur einige Autos fahren zum nahen Hotel oder zum kleinen
Hafen. Aber dort ist auch noch Mittagspause und alles ist sehr ruhig.
Marco nimmt die Anstecknadel ab und legte diese auf die Bank.
Nun zeig einmal Compy was du so alles kannst. Aber die Figur rührte sich kein bisschen.

„ Bist du eingeschlafen, he Compy was ist los mit dir. Marco wirkt
ganz beklommen, hat er einen Fehler gemacht, ist einer der Schaltkreise doch nicht richtig gelegt. Hat sich eine oder haben sich mehrere Lötstellen gelöst, was ist los mit Compy. Er muss die Anstecknadel zu Hause überprüfen. Gerade als er sie wieder anstecken will
kommt Bewegung in die Figur. „ He, Marco halt mich nicht so fest,
ich kann mich ja nicht rühren''. „ Was war los Compy, ich habe
schon einen Schreck bekommen''. „ Ich war für einen Augenblick
wieder zurück im Computer, du hast eine Mail bekommen von
Susanne, sie will sich mit dir treffen. Ich war so frei und habe zurück gemailt das wir um 15.00 Uhr wieder zu Hause sind''. „ Das ist
super Compy, wenn du so weiter machst werde ich nicht mehr gebraucht. Aber was hast du nun für eine Stimme, du sprichst wie Bud
Spencer''. „ Die gefällt mir, diese Stimme Marco, ist so schön
kräftig habe ich mir aus dem Internet geholt''. „ Na gut sollst du
behalten, wenn sie dir gefällt. Was ist mit all den anderen Dingen,
kannst du alles voll nutzen?''. Wenn du mich einmal loslassen wür-
dest könnte ich es dir zeigen''. Marco öffnet seine Hand, und schon
springt der kleine umher, zieht an Marcos Gürtel und zeigt diesem
wie stark er ist. Stemmt sich zwischen die Bretter der Bank und
drückt mit aller Kraft, die Bretter knacken verdächtig. „ Ist schon
gut Compy, ich sehe wie stark du bist''. „ Schau Marco ich kann
wenn es darauf ankommt auch das Holz zerkneifen''. Compy setzt
seine Zangenförmige Hand an eine der Rückenlehnen Bretter und
drückt zu. Tatsächlich schneidet er scheinbar mühelos tief in das
Holz ein. „Hör auf kleiner, du bist ja ein Teufelskerl geworden,
nicht zu glauben was wir Beide da geschafft haben. Deinem Schöp-
fer Bill Gates würde sich der Magen umdrehen wenn er sehen könnte was er verloren hat''.

„ Der Marco, benötigt seine Chips für andere Zwecke, mit mir könnte er nichts mehr anfangen´´. „ Dann wollen wir mal wieder nach Hause und den Berg hoch wandern, Susanne wird bald mit allen unseren Freunden kommen. Hoffe dass diese auch alle Ihre Aufgaben erledigt haben. Mona komm, wir müssen wieder zurück´´. Obwohl Mona gerade eine interessante Spur aufgenommen hat, machte sie sofort kehrt und setzte sich vor Marco der sie wieder an die Leine legt.

Eine Stunde später sitzen alle beteiligten Kinder zusammen bei Marco im Zimmer, sie legen den Schlachtplan fest´´. „ Also ich beginne meine weitere Vorarbeit heute am späten Nachmittag. Ich werde die Fahrzeuge und Maschinen etwas beschädigen, das sie nicht um 6.00 Uhr einsatzfähig sind. Wir benötigen Zeit bis ca. 8.30 Uhr. Bis dahin müsst Ihr die Rheinanlage voll mit Kindern haben. Auf die Erwachsenen wollen wir nicht bauen, auch wenn diese schon früh unseren Aufruf lesen werden, in dem wir sie auffordern ebenfalls in die Rheinanlage zu kommen. Die Hauptarbeit liegt bei Euch Ihr müsst die Kinder in die Rheinanlage bringen´´. „Wir haben gut vorgearbeitet, wir haben Wurfzettel gemacht die wir morgen früh an die Schulkinder verteilen. Wir haben Schilder gemacht für die Bushaltestellen, für die Kinder die in die höheren Schulen fahren, nach Lahnstein oder Koblenz. An unsere Schule machen wir ebenfalls zur Sicherheit einige Schilder für die Kinder die wir nicht persönlich überreden können oder die uns durch die Latten gehen. Wir machen dort Schilder fest mit dem Hinweis, das die Schule geschlossen ist und die Kinder in die Rheinanlage kommen müssen.

Das sollte genügen Freunde, wir werden es den Männern im Rat einmal richtig zeigen. Es geht nichts mehr an uns Kindern vorbei, das sollen sie spüren. Es soll auch Signalwirkung haben in ganz Deutschland, wir sind wer, wir sind Mitglieder dieser Gesellschaft und die Zukunft des Landes´´.

Jetzt werde ich Euch unseren Freund Compy vorstellen, ich habe gemeinsam mit seiner Hilfe Ihn technisch in den neuesten Stand versetzt. Er kann nun unabhängig vom Ort operieren für uns, mit uns wirken. Compy zeige den Kindern was du kannst. Den Kindern fallen fast die Augen aus dem Kopf wenn sie es nicht selbst sehen könnten, dann würden sie dies niemals glauben. Auch die starke Stimme von Bud Spenzer finden sie witzig an dem kleinen Kerlchen. Von dem Geld das ich von Hansen bekomme werde ich 20 Figuren anfertigen lassen, jeder von Euch bekommt eine und meine Freunde in der ganzen Welt. So kann Compy in Sekundenschnelle dort sein wo er benötigt wird. Die Kinder sind alle begeistert einmal solch eine Anstehnadel zu besitzen. Mit der Erweiterung unseres Clubs werden dann alle Clubleiter in der Welt eine Ansteknadel erhalten. ,, Halt, Marco, wo du gerade von Welt weit sprichst, wir haben einen Hilferuf aus New York in der E-Mail, ich konnte diese gerade lesen. Manuel hat gemailt, es geht um Drogen und die Entführung seiner Schwester´´. ,, Hast du geantwortet Compy?´´. ,, Ja, ich habe Ihm geschrieben, gemailt, nehme am Dienstag Kontakt mit dir auf, sind hier noch in einen schwierigen Fall verwickelt´´. ,, Super Compy, seht ihr Freunde, bald braucht Ihr mich nicht mehr, Compy arbeitet bereits selbständig´´.

Die Freunde staunen nicht schlecht, wollen alle mehr wissen über Pete und seine Probleme in New York. Drogen und Entführung haben immer Ihr Interesse. „Hört zu", ergreift Susanne die Marcos offizielle Vertreterin ist das Wort. New York das liegt weit weg, wollen wir Morgen erst einmal hier unser Problem in Braubach lösen. Marco wird jetzt sicher zu Hartmanns Lagerplatz in Lahnstein gehen um seine Arbeit zu tun, brauchst Du Hilfe Marco?´´. „ Nein, es ist besser ich mache es allein, sollte ich Hilfe benötigen dann schickt Euch Compy eine Mail, bleibt Heute Abend bitte zu Hause, für den Fall der Fälle´´. „ OK, Marco, aber schicke deine Hilferufe nicht immer so spät wie sonst´´. „Jetzt meine Liebe geht das blitzschnell, jetzt haben wir Compy, er geht natürlich mit und ist bei Gefahr in Sekundenschnelle wieder im Computer um Euch zu informieren´´. „ Die Freunde und insbesondere Susanne sind beruhigt. Sie verabschieden sich und gehen in Bereitschaft. Marco leint Mona an, schwingt sich auf sein Fahrrad und düst ab zu Hartmanns Lagerplatz nach Lahnstein. Es geht immer schön am Rhein entlang über die Mündung der Lahn an Lahnstein vorbei und dann direkt zum Bauhof. Es ist kurz vor dem Einbruch der Dämmerung. Er hat die richtige Zeit für solche Arbeiten gewählt. Die Leute haben alle Ihre Spaziergänge beendet und bereiten sich auf das Abendbrot vor. Es herrscht Ruhe auf den Wegen auch rund um Hartmanns Lagerplatz. Nur die Hunde melden sich Lautstark und verbellen die Ankommenden. Marco steigt vom Fahrrad und legt Mona vor dem Tor ab. Die Beiden Rüden sind so verrückt nach der Hündin, dass Sie Marco überhaupt nicht mehr beachten. Es klappt viel besser als er es erwartet hat. Marco hat bereits die defekte Stelle im Zaun erweitert durch die man in den Bauhof gelangen kann.

46

Diese Lücke ist bereits schon einmal in einem anderen Fall genutzt worden. Diese Stelle ist hinter einem alten verrosteten Bagger, eine Öffnung im Zaun die durch eine Holzplatte verdeckt ist. Marco schiebt diese zur Seite und kriecht durch den Zaun in den Bauhof. Er schaut noch einmal zu den Hunden, die haben aber Beide nicht besseres zu tun als auf Mona verrückt zu sein. Die Herren Wachhunde scherten sich überhaupt nicht daran das jemand in Ihr Revier einbricht, bemerkten es nicht einmal. Weiber dachte Marco, nur ein Weib und alles spielt verrückt. „ Was hast du vor Marco? ''. „ Ich werde mit meinem Seitenschneider alle Benzinleitungen in kleine Stücke schneiden''. „ Da habe ich eine bessere Idee, ich komme unter jede Haube ohne das du diese öffnen musst. Ich habe auch mehr Kraft in meinen Stahlhänden, ich habe im Handumdrehen alles zerstückelt was aus Gummi ist''. Keine schlechte Idee, ich arbeite nur an den Geräten an die ich gut heran komme, du übernimmst die anderen''. „ Marco macht den kleinen los und setzte diesen gleich unter die Motorhaube des Riesen Baggers. „ Compy sei vorsichtig, pass auf das dich der Diesel nicht nass macht''. „ Keine Bange Marco, lass mich nur machen''. „ Die Beiden schnibbeln fast eine Stunde ohne einmal durch die Wachhunde belästigt zu werden. Mona bewegte die Beiden vor dem Zaun auf und ab so als wüsste sie was auf dem Spiel steht. Marco sammelte nach dem er bei allen anderen Maschinen alle Schläuche zerschnitten hat. Dann sind die Fahrzeuge dran, sorgfältig zersäbelt er auch diese Schläuche. Ohne Benzin geht nichts, es ist die schnellste Möglichkeit alle an der Bewegung zu hindern. Marco freut sich riesig das alles so gut und unauffällig klappt. Der kleine Compy beisst sich immer noch durch alle Schlauchverbindungen des Riesen Baggers.

Marko geht wieder zu Ihm und sammelt den so fleißigen Compy wieder ein. „ Na mein lieber denen haben wir es gegeben, es ist schade das so viel Diesel und Benzin ausläuft, aber es lässt sich in diesem Fall nicht vermeiden. Wir werden Morgen früh sehen was hier passiert, ich freue mich auf die dummen Gesichter der Männer, insbesondere auf das von Hartmann ´´.

Marco telefonierte von zu Hause mit all seinen Freunden und auch mit Hansen. Informierte sie darüber dass alles geregelt ist. Heute legt er sich ausgesprochen früh zu Bett, er hat einiges nachzuholen und muss morgen sehr früh aus den Federn. Er liest aber Neugierig geworden die Hilfe Rufe aus den USA. Nun mit Compy wird es ein leichtes sein dort zu helfen. Sobald in Braubach wieder Frieden herrscht wird er Kontakt aufnehmen in den USA. Aber nun ist erst einmal Braubach dran. Drogen, Alkohol und alles was damit zusammenhängt sind Marco ein Graus, da muss er einfach helfen.

***** Der Kampf beginnt um die Rheinanlage
Auch Hartmann ist sehr früh aufgestanden, er will um 6.00 Uhr auf dem Bauhof sein und zusehen wie seine Truppe in Braubach geschlossen anrollt. Aber was er am anderen Morgen um 5.30 beim Frühstück in der Zeitung liest macht Ihn verrückt. Das große Geheimnis steht dort dick und fett gedruckt in der Rhein Zeitung die er nun in seinen zitternden Händen hält. Dazu Bilder seiner Maschinen, wie diese einsatzbereit auf dem Hof stehen. „ Scheiße, was ist das für eine Schweinerei, da hat uns jemand ausgeschmiert, welcher Sauhund ist das gewesen``.

Aber wir werden schneller sein. Hartmann vergisst seinen Kaffe und seine fertigen Brote, er raste los in den Betrieb. Marco ist bereits dort und beobachtet alles aus sicherer Entfernung. Die Fahrer und der Schachtmeister sind außer sich. Sie fluchen kräftig auf alle Mader dieser Welt und auf die Hunde, die diese einfach alle Leitungen zerstören ließen. Hartmann brüllt herum, macht alle zur Schnecke, er ist einem Herzanfall nahe. „ Marder Chef, alle Leitungen sind zernagt, in tausend kleine Stücke zerlegt''. „ Mann Schulze stehen sie nicht herum, rufen sie Schmidt an, der soll kommen neue Leitungen legen, das kann doch nicht so schwer sein''. „ Haben wir alles schon gemacht, haben nicht genügend Leitung hier, müssen improvisieren ''. „ Mensch Schulze, bis spätestens um 10.00 Uhr muss der Spielplatz und die Minigolfanlage zerlegt sein, sonst geht unser Auftrag flöten''. „ Das schaffen wir Chef, um 7.00 Uhr spätestens um 8.00 rollen wir vom Hof''. „ Ihr Wort in Gottesohren, aber das mit den Mardern glaube ich nicht, warum haben wir auf einmal Mader hier. Warum sind nur die Fahrzeuge beschädigt die wir in Braubach einsetzen wollen, da stimmt etwas nicht. Obwohl alles so geheim ist, steht Heute alles groß in der Zeitung mit einem Auftrag von der Stadtverwaltung den ich noch nicht einmal habe. Da stinkt etwas fürchterlich zum Himmel. Dann der Aufruf an die Kinder, die Anlagen zu besetzen''. „ Keine Angst Chef mit den Kindern werden wir schon fertig, die werden schön springen wenn unsere Maschinen anrollen. „Du hast Recht Schulze, aber es wird Ärger geben, aber das wichtigste ist das Ihr so schnell wie möglich vom Hof kommt, anfangt abzureißen''. Der LKW auf dem der Bagger steht springt bereits wieder an, aber der Bagger noch nicht''. „ Fahr los brüllt Hartmann den Fahrer an mach das du nach Braubach kommst''. „ Das geht nicht Chef ich muss erst den Bagger fertig haben, soll ich den etwa während der Fahrt reparieren''.

„ Von mir aus Schmidt, aber die Kiste muss nach Braubach''. „ Der Bagger nützt Ihnen nichts wenn er nicht läuft, ich benötige noch eine halbe Stunde''. „ Mensch Schmidt hauen sie rein machen Sie endlich''. Hartmann rast über den Platz wie eine angestochener, behindert die Männer mehr an der Arbeit als das er sie antreibt. Es geht für seine Firma um einen Auftrag, einen Auftrag auf den er schon so lange gewartet hat. Für den er schon hohe Vorkosten hatte, der nun zu platzen droht, wenn er hier nicht rechtzeitig wegkommt mit seinen Maschinen. Die Aktion der Kinder in Braubach ist ebenfalls angelaufen, die Schilder an den Schulen und Bushaltestellen werden angebracht. Diejenigen die, die Zeitung gelesen haben sind schon auf dem Weg in die Anlagen. Selbst einige Erwachsene sind darunter wie Susanne feststellen kann. Sie benötigen aber noch Zeit, es würde noch gut eine Stunde dauern bis sie die Kinder aus dem Bahnhof direkt ableiten konnten und die Gruppen der Schule entgegen strömen werden. Die Freunde von Marco sind überall postiert um die Kinder umzuleiten. Sie haben wirklich an alles gedacht. Hansen ist begeistert von den Kindern als er die Generalstabsmäßige Planung und Ausführung sieht. Ihm ist nicht mehr bange um die Kinder. Er setzte sich ins Auto und fährt zum Bauhof Dort gilt es noch einige interessante Bilder zumachen. Hartmann das Nervenbündel wollte Ihn daran hindern, aber es war nicht möglich. Hartmann springt immer neben dem Reporter hin und her und brüllte Ihn an. Platzverweis, Hausfriedensbruch, verschwinden Sie, Privateigentum, Polizei, ich werde Sie anzeigen Ihre Zeitung verklagen. Hansen machte ungerührt weiter, machte gar von dem entnervten Hartmann ein schönes Bild. Marco muss lachen als er sah wie unbeeindruckt Hansen sich durch die Wilde Meute bewegte und seine Bilder schießt. Wie ein kleines kläffendes Hündchen springt Hartmann neben Ihm her.

Genauso schnell wie er gekommen ist verschwindet Hansen wieder. Marco will sich nicht sehen lassen, keiner soll natürlich erfahren wer die Fahrzeuge so fahruntüchtig gemacht hat. Es war das einzige Mittel, aber Marco war nicht sicher in wie weit dies auch ein Verstoß gegen das Gesetz ist. Das ist der Unterschied den er bereits sehr früh in seinem Leben kennen lernte. Für die dort oben gelten kaum die Gesetze oder der Anstand, nur für den kleinen sind diese gemacht.

Marco schaute auf die Uhr, der große LKW mit dem Bagger fährt an. Auch der LKW mit der Raupe setzt sich in Bewegung. Es ist 7.40 die Kinder könnten es geschafft haben. Marco zieht sich zurück und ruft Susanne auf Ihrem Handy an. „Wie sieht es bei Euch aus?''. „ Es sammelt sich Marco, die Rheinanlage ist halbvoll mit Kindern und auch einigen Erwachsenen, aber in ca. 20 Minuten wird niemand mehr hier hinein passen. Die Stadt ist voller Kinder die hierher auf dem Weg sind''. „ Das ist super Susanne, ich konnte die LKW,s mit meiner Aktion bis jetzt aufhalten, sie setzen sich jetzt in Bewegung nach Braubach. Die brauchen leider nur knapp 15 Minuten und 5 Minuten zum abladen der Großmaschinen''. „ Wir schaffen das Marco, komm zurück, wir sind schon genug um den Weg zu versperren''. „ OK, Susanne ich komme''. Marco schwingt sich auf sein Fahrrad und radelte die paar Kilometer mit höchst Tempo zu Susanne in die Rheinanlagen. Während dessen kommen immer mehr Kinder in die Rheinanlagen. Die Lehrer stehen entsetzt vor den Schildern der Schule. Sehen alle Kinder in die Verkehrte Richtung dahin ziehen. Einige der Lehrer sind durch die Zeitung bereits informiert und schließen sich sofort der Aktion der Kinder an.

Sie sind stolz auf Ihre Schulkinder die in der Lage sind so etwas ohne Ihre Hilfe zu organisieren. Zu planen ohne das etwas dabei durchgesickert ist.

Marco kommt gerade an als die ersten LKWs in die Rheinanlage fahren wollen. Den Männern fallen die Augen aus dem Kopf als sie die vielen Kinder sehen. Müller stoppt seinen Truck, er sieht keine Möglichkeit hier durch zu kommen. Soll Lotze mit seinem Bagger sehen das er da durch kommt, er nicht, er steht hier sehr gut. Ein Wall von Kindern hat sich vor dem Truck aufgebaut. Müller klappt die hinteren Klappen herunter und Lotze setzte sein Monstrum in Bewegung und rollte vom Tieflader herunter. 600 PS bewegen diesen Kollos vorwärts, im Augenblick rückwärts vom Tieflader über die ab geklappten Rampen. Dann fährt Lotze mit dem Ungetüm direkt auf die Kinder zu. Hartmann ist inzwischen in der Rheinanlage angekommen und noch kein bisschen ruhiger. Er schimpfte und tobte, flucht, greift die Kinder an, die sich aber nicht von diesem verrückten einschüchtern lassen nicht einen einzigen Millimeter zurückweichen. Marco hat höchste Bedenken ob dieser Lotze da in die Kinder hinein rollt. Kann er dies Ungetüm so gut beherrschen, kann durch eine falsche Bewegung nicht etwas passieren. Was war wenn dieser die Nerven verliert und einen Fehler macht. „ Hallo Compy, du musst noch einmal ran, sei aber vorsichtig, schneide wieder die Leitungen durch, es muss schnell gehen´´. OK Marco setze mich unauffällig am Motor ab. Wenige Sekunden später ist Compy bereits am wirken. Marco sieht Lotzes verbissenes Gesicht, man merkt dass dieser den Bagger noch nicht sicher beherrscht.

Der Bagger springt mehr als er fährt, auf die Kinder zu. Die sich fest entschlossen haben nicht zu weichen vor dem Ungetüm. Die Sirenen und das Blaulicht der Polizei kommen immer näher. Die Lehrer und einige Erwachsene versuchen Lotze zum anhalten zu bewegen. Der sitzt mit verzerrtem Gesicht in seinem Bagger und brüllt immer dass er das Ding nicht anhalten kann. Keiner versteht Ihn bei diesem Krach den die Kiste macht. Die Polizisten kommen heran, wollen Lotze zwingen, anzuhalten, aber der kann nicht. Nun gehen einige Polizisten daran die Kinder abzudrängen, auch die Lehrer drängen nun die Kinder ab. Die Situation spitzt sich gefährlich zu. Da bleibt der Bagger mit einem letzten Satz nach vorne stehen und geht aus. Ein letzter Knall aus dem Auspuff, aus dem eine schwarze Rauch- wolke kommt läutet das Ende des Riesen ein. Compy hat die Situati- on gerettet, nur die Kinder wissen dies, dass der kleine der wirkliche Held ist. Die Polizisten nehmen Lotze und Hartmann sofort mit, zwei Beamte bleiben vor Ort um alles zu regeln. Der Bürgermeister kommt angefahren und diskutiert lange mit den Bürgern, speziell mit den Kindern. Trotz seiner Niederlage versteht er es noch aus dieser Situation einen ganz kleinen Gewinn zu machen. Er verspricht sofort den Plan zu ändern und einen schöneren Spielplatz zu machen. ,, Eigentlich wollte ich das sowieso machen, dann fangen wir eben in der Nächsten Woche damit an. Es ist wieder alles im Lot und bis zur nächsten Wahl haben die Bürger wieder alles vergessen. Da steht dort ein schöner neuer Spielplatz mit einer neuen besseren Minigolf- fanlage. Die Parkplätze werden wo anders gebaut, dort wo den Kin- dern nichts weggenommen wird. Es geht auf einmal, auch Hartmann ist nach einigen Tagen versöhnt. Er darf die Spielplätze erneuern und die neuen Parkplätze bauen. Im Stadthaus ist man vorsichtiger ge- worden, man weis nun das jemand Zugang zu Ihren Computern hat, auch sie mit der neuen Zeit durchsichtiger geworden sind, kontrol- lierbarer sind.

COMPY – MARCOS Gruppe Kinder für Kinder und seine Freunde haben Ihr erstes Abenteuer erfolgreich bestanden. Es soll noch lange so weiter gehen. Das nächste viel größere Abenteuer ist bereits vorbereitet in USA.

www.ingramcontent.com/pod-product-compliance
Lightning Source LLC
Chambersburg PA
CBHW060624030426
42337CB00018B/3176